企业经营管理沙盘实战

主 编 王媚莎 陈飞飞
副主编 夏 扬

经济科学出版社

图书在版编目（CIP）数据

企业经营管理沙盘实战/王媚莎　陈飞飞主编．—北京：经济科学出版社，2014.8（2017.1 重印）
ISBN 978-7-5141-4781-0

Ⅰ.①企…　Ⅱ.①王…②陈…　Ⅲ.①企业管理-计算机管理系统-高等职业教育-教材　Ⅳ.①F270.7

中国版本图书馆 CIP 数据核字（2014）第 141762 号

责任编辑：计　梅　张　萌
责任校对：刘　昕
责任印制：李　鹏

企业经营管理沙盘实战
主　编　王媚莎　陈飞飞
副主编　夏　扬
经济科学出版社出版、发行　新华书店经销
社址：北京市海淀区阜成路甲 28 号　邮编：100142
总编部电话：010-88191217　发行部电话：010-88191104
网址：www.esp.com.cn
电子邮件：esp@esp.com.cn
天猫网店：经济科学出版社旗舰店
网址：http://jjkxcbs.tmall.com
北京密兴印刷有限公司印装
787×1092　16 开　13.5 印张　297000 字
2014 年 8 月第 1 版　2017 年 1 月第 2 次印刷
ISBN 978-7-5141-4781-0　定价：30.00 元
（图书出现印装问题，本社负责调换。电话：010-88191502）
（版权所有　翻印必究）

前　言

随着我国市场经济的迅速发展和社会的进步，企业对人才的总体要求也越来越高，学生所学的学科知识和技能层次发展越来越丰富。现代企业已经不再单纯是对员工的专业知识提出要求，而是更加注重员工综合素质。如综合知识运用能力、独立思考能力、团队合作能力、务实精神、吃苦精神以及诚信态度能等。

作为我国教育事业重要组成部分的职业教育，在这样的社会环境下应该改革自己的人才培养模式以便更好地适应社会的需要。如何培养多元化复合型人才来适应市场需求，已成为现阶段职业学校一个很重要的教改课题。基于此，广州城建职业学院和用友新道科技有限公司签订了战略合作协议，校企合作开发培养学生实际操作技能的实战系列课程，现利用ERP沙盘平台开发"企业经营管理沙盘实战"课程，并在该课程的基础上校企合作编写了工学结合的实战系列教材之《企业经营管理沙盘实战》。

该教材是利用用友新道科技有限公司的ERP沙盘平台，以一套沙盘教具为载体，针对代表先进的现代企业经营与管理技术——ERP（企业资源计划系统）设计的角色体验的实验平台。ERP沙盘平台主要包括：六张沙盘盘面，代表六个相互竞争的模拟企业。沙盘按照制造企业的职能部门划分了职能中心，包括营销与规划中心、生产中心、物流中心和财务中心。各职能中心涵盖了企业运营的所有关键环节：战略规划、资金筹集、市场营销、产品研发、生产组织、物资采购、设备投资与改造、财务核算与管理等几个部分为设计主线，把企业运营所处的内外环境抽象为一系列的规则，由受训者组成六个相互竞争的模拟企业，模拟企业5～6年的经营，通过学生参与──→沙盘载体──→模拟经营──→对抗演练──→讲师评析──→学生感悟等一系列的实验环节，其融和理论与实践一体、集角色扮演与岗位体验于一身的设计思想，使受训者在分析市场、制定战略、营销策划、组织生产、财务管理等一系列活动中，参悟科学的管理规律，培养团队精神，全面提升管理能力。同时也对企业资源的管理过程有一个实际的体验。

本教材以用友ERP沙盘为基础，采用项目驱动方法，按ERP沙盘演练的实际教学流程，为经济与管理类学生开展跨专业综合实训设计了一套完整的教学组织方案和教学内容。

本书由王媚莎、陈飞飞任主编，夏扬任副主编。书中各项目编写人员如下：项目一和项目二为王媚莎；项目三和项目四为陈飞飞；项目五和项目六为夏扬；项目七为曾祁；项目八为王勇。王媚莎拟定编写的初步纲要；陈飞飞确定具体编写的具体结构；夏扬负责教材的表单设计；王媚莎和陈飞飞负责全部书稿的总纂、调整、补充、修改、技术规范校订与定稿，该教材受到广州城建职业学院校企合作开发教材资助，编写过程还得到了用友新道科技有限公司张海燕、翁义春、尹青军等的大力支持。

由于编者水平有限，本书的疏漏之处在所难免，期待广大读者批评指正，以助其不断完善。

目 录

项目一 企业经营沙盘模拟实训课程介绍 ··· 1
任务1 模拟企业经营状况 ·· 1
【知识目标】 ·· 1
【能力目标】 ·· 1
【任务分析】 ·· 1
【时间安排】 ·· 1
【实训指导】 ·· 1
任务2 模拟企业运营规则 ·· 6
【知识目标】 ·· 6
【能力目标】 ·· 6
【任务分析】 ·· 6
【实训时间】 ·· 6
【实训指导】 ·· 6
任务3 初始年经营 ·· 14
【知识目标】 ·· 14
【能力目标】 ·· 14
【任务分析】 ·· 14
【实训时间】 ·· 14
【实训指导】 ·· 14

项目二 企业经营模拟沙盘第一年经营 ·· 57
任务1 第一年的经营环境情况分析 ·· 57
【知识目标】 ·· 57
【能力目标】 ·· 57
【任务分析】 ·· 57
【实训时间】 ·· 57
【实训指导】 ·· 57
任务2 完成企业经营模拟沙盘第一年经营 ·· 59
【知识目标】 ·· 59
【能力目标】 ·· 59
【任务分析】 ·· 59
【实训时间】 ·· 59
【实训指导】 ·· 60

项目三　企业经营模拟沙盘第二年经营 68
任务1　第二年的经营环境情况分析 68
【知识目标】 68
【能力目标】 68
【任务分析】 68
【实训时间】 68
【实训指导】 68
任务2　完成企业经营模拟沙盘第二年经营 70
【知识目标】 70
【能力目标】 70
【任务分析】 71
【实训时间】 71
【实训指导】 71

项目四　企业经营模拟沙盘第三年经营 79
任务1　第三年的经营环境情况分析 79
【知识目标】 79
【能力目标】 79
【任务分析】 79
【实训时间】 79
【实训指导】 79
任务2　完成企业经营模拟沙盘第三年经营 87
【知识目标】 87
【能力目标】 87
【任务分析】 87
【实训时间】 87
【实训指导】 87

项目五　企业经营模拟沙盘第四年经营 95
任务1　第四年的经营环境情况分析 95
【知识目标】 95
【能力目标】 95
【任务分析】 95
【实训时间】 95
【实训指导】 95
任务2　完成企业经营模拟沙盘第四年经营 99
【知识目标】 99
【能力目标】 99

【任务分析】··· 99
　　　【实训时间】··· 99
　　　【实训指导】··· 99

项目六　企业经营模拟沙盘第五年经营································· 107
任务1　第五年的经营环境情况分析····································· 107
　　　【知识目标】·· 107
　　　【能力目标】·· 107
　　　【任务分析】·· 107
　　　【实训时间】·· 107
　　　【实训指导】·· 107
任务2　完成企业经营模拟沙盘第五年经营···························· 109
　　　【知识目标】·· 109
　　　【能力目标】·· 109
　　　【任务分析】·· 110
　　　【实训时间】·· 110
　　　【实训指导】·· 110

项目七　企业经营模拟沙盘第六年经营································· 118
任务1　第六年的经营环境情况分析····································· 118
　　　【知识目标】·· 118
　　　【能力目标】·· 118
　　　【任务分析】·· 118
　　　【实训时间】·· 118
　　　【实训指导】·· 118
任务2　完成企业经营模拟沙盘第六年经营···························· 123
　　　【知识目标】·· 123
　　　【能力目标】·· 124
　　　【任务分析】·· 124
　　　【实训时间】·· 124
　　　【实训指导】·· 124

项目八　模拟企业管理分析··· 132
任务1　模拟企业战略分析··· 132
　　　【知识目标】·· 132
　　　【能力目标】·· 132
　　　【任务分析】·· 132
　　　【实训时间】·· 132
　　　【实训指导】·· 132

任务 2 模拟企业营销管理分析	134
【知识目标】	134
【能力目标】	135
【任务分析】	135
【实训时间】	135
【实训指导】	135
任务 3 模拟企业生产运营分析	139
【知识目标】	139
【能力目标】	140
【任务分析】	140
【实训时间】	140
【实训指导】	140
任务 4 模拟企业财务管理分析	140
【知识目标】	140
【能力目标】	141
【任务分析】	141
【实训时间】	141
【实训指导】	141

总经理（CEO）营运手册 143
财务经理运行手册 164
生产总监运行手册 174
营销总监运行手册 184
供应（采购）总监运行手册 197

项目一　企业经营沙盘模拟实训课程介绍

企业经营沙盘模拟源自军事上的战争模拟沙盘推演，在了解现代企业生产经营过程的基础上，研究出来的一种生动有趣的教学方式。

企业经营沙盘模拟课程是在充分调研了 ERP 培训市场需求的基础上，汲取了国内外咨询公司、培训机构的管理训练课程精髓，而设计的企业经营管理实训课程，问世以来以其体验式教学方法获得受训者的广泛认可。

本课程课程摒弃了传统的以理论和案例分析为主的方式，用一种全新的视觉和感官冲击效果，通过真实的模拟沙盘进行学习，极大地增强了娱乐性并使枯燥的课程变得生动、有趣。通过近乎真实的商场模拟，充分地调动了参与者的竞争热情，在培养应用型人才方面，越来越显示出其独特的作用。

任务1　模拟企业经营状况

【知识目标】
※了解模拟企业的经营状况。
※掌握沙盘中各个角色承担的任务和职责。
【能力目标】
※能根据组员的专业特长及性格特点，进行沙盘角色的准确分配。
【任务分析】
※了解模拟企业的经营内容、组织架构、沙盘小组中各组员担任的角色及相应的职责。
【时间安排】
※实训时间：1学时。
【实训指导】

实训项目单（1-1）

所属系部：			编制人：		编制日期：		年　月　日
课程名称	企业经营管理沙盘实训	项目名称	沙盘的概述、沙盘规则讲解、起始年经营	任务名称	沙盘的概述	任务编号	1-1
实训对象		实训地点		实训学时	1	参考教材	
实训目的	了解沙盘的特点、内容 掌握沙盘中各个角色承担的任务和职责						

续表

内容（实训设备与工具、方法、步骤、要求或考核标准等）
一、实训设备与工具准备 参考资料与耗材准备： 1. 教材 2. 企业经营报表 3. 用友 ERP 手工沙盘 二、教学组织要求（编组要求、指导教师数及指导要求等） 1. 6~7 位同学编为一个学习小组 2. 小组人员各施其责 3. 责任明确，分工与合作相结合 三、实训内容与步骤 （一）实训内容： 1. 了解沙盘的特点、内容 2. 掌握沙盘中各个角色承担的任务和职责 （二）步骤 1. 老师讲授 沙盘的特点、内容 沙盘中各个角色承担的任务和职责 2. 学生分组讨论，明确项目任务，制订项目实施计划 （1）确定分组情况 （2）确定沙盘小组中各个成员应承担的职责 四、考核标准 1. 按实训有关考核项目进行过程考核 60%，结果考核 40% 2. 小组成员自评实训成绩 3. 老师综合考评

1. 企业基本情况

现有一个典型的制造型企业，长期以来一直专注于某行业 P 产品的生产与经营，目前生产的 P1 产品在本地市场知名度很高，客户也很满意。同时企业拥有自己的厂房，生产设施齐备，状态良好。

2. 企业组织结构

企业目前的组织结构，如图所示，在企业信息化迅猛发展的今天，企业正在考虑通过信息化手段加强企业管理，向管理要效益。

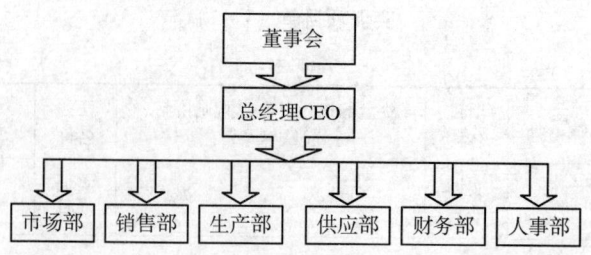

3. 企业运营流程

企业运营流程，如图所示：

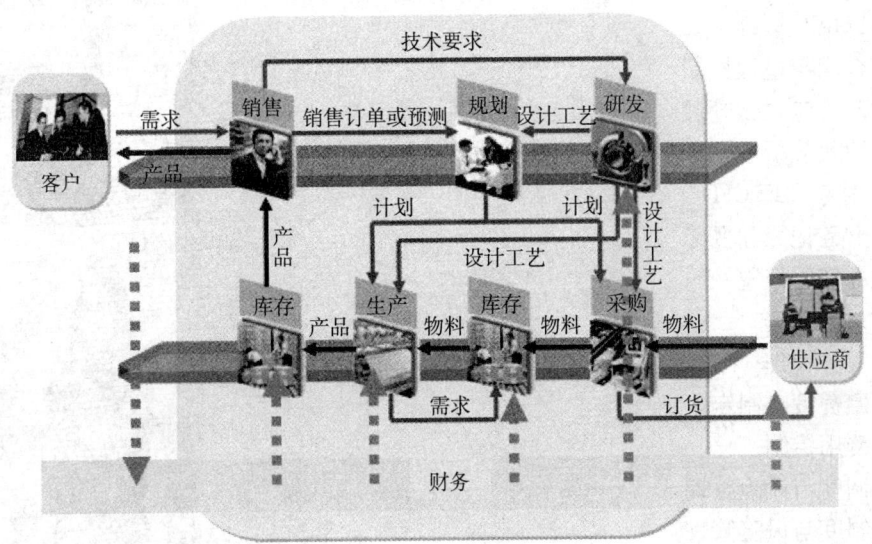

4. 公司发展与股东期望

为此，公司董事会及全体股东决定将企业交给一批优秀的新人去发展，他们希望新的管理层——

☆投资新产品的开发，使公司的市场地位得到进一步提升。
☆开发本地市场以外的其他新市场，进一步拓展市场领域。
☆扩大生产规模，采用现代化生产手段，获取更多的利润。

5. 新管理层职务概要

（1）总经理 CEO
制订发展战略
竞争格局分析
经营指标确定
业务策略制定
全面预算管理
管理团队协同
企业绩效分析
业绩考评管理
管理授权与总结

（2）销售经理 CSO
市场调查分析

市场进入策略
产品研发策略
广告宣传策略
制订销售计划
争取订单与谈判
签订合同与过程控制
按时发货应收款管理
销售绩效分析
(3) 财务经理 CFO
日常财务记账和登账
向税务部门报税
提供财务报表
日常现金管理
企业融资策略制定
成本费用控制
资金调度与风险管理
财务制度与风险管理
财务分析与协助决策
(4) 生产经理
产品生产管理
管理体系认证
固定资产投资
编制生产计划
平衡生产能力
生产车间管理
产品质量保证
成品库存管理
产品外协管理
(5) 供应经理
编制采购计划
供应商谈判
签订采购合同
监控采购过程
到货验收
仓储管理
采购支付抉择
与财务部协调
与生产部协同

6. 组建企业

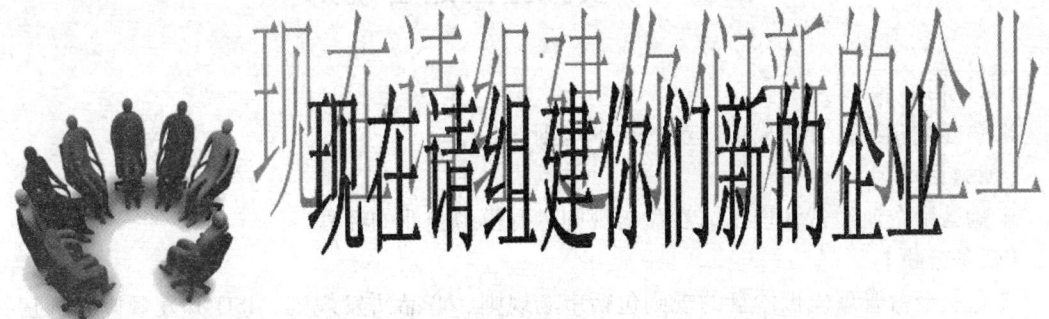

模拟企业任职表

组别：　　　　　　　　　　　　　公司名称：

职位	姓名	学号	备注
总经理			
营销经理			
财务经理			
生产经理			
供应经理			
营销助理			
财务助理			
生产助理			
供应助理			

即将就任的您，请发表您的就职演说：

任务2　模拟企业运营规则

【知识目标】
※掌握企业经营管理模拟沙盘的基本规则。
【能力目标】
※能运用企业经营管理模拟沙盘的规则进行模拟企业的经营。
【任务分析】
※企业经营管理模拟沙盘的规则包括市场规则、产品研发规则、ISO开发规则、厂房买卖规则、生产线买卖规则、产品生产与原材料采购规则、融资规则、费用规则、市场竞单规则等。
【实训时间】
※实训时间：1学时。
【实训指导】

实训项目单（1-2）

所属系部：　　　　　　　编制人：　　　　　　　编制日期：　年　月　日

课程名称	企业经营管理沙盘实训	项目名称	沙盘的概述、沙盘规则讲解、起始年经营	任务名称	模拟企业运营规则	任务编号	1-2
实训对象		实训地点		实训学时	1	参考教材	
实训目的	掌握企业经营管理模拟沙盘的基本规则 能运用企业经营管理模拟沙盘的规则进行模拟企业的经营							
内容（实训设备与工具、方法、步骤、要求或考核标准等） 一、实训设备与工具准备 参考资料与耗材准备： 1. 教材 2. 企业经营报表 3. 用友ERP手工沙盘 二、教学组织要求（编组要求、指导教师数及指导要求等） 1. 6~7位同学编为一个学习小组 2. 小组人员各施其责 3. 责任明确，分工与合作相结合 三、实训内容与步骤 （一）实训内容： 企业经营管理模拟沙盘的基本规则 （二）步骤 1. 老师讲授 企业经营管理模拟沙盘的基本规则 2. 学生分组讨论，明确项目任务，制定项目实施计划 掌握企业经营管理模拟沙盘的基本规则 四、考核标准 1. 按实训有关考核项目进行过程考核60%，结果考核40% 2. 小组成员自评实训成绩 3. 老师综合考评							

在开始公司经营前,我们先来了解一下:

1. 沙盘结构介绍

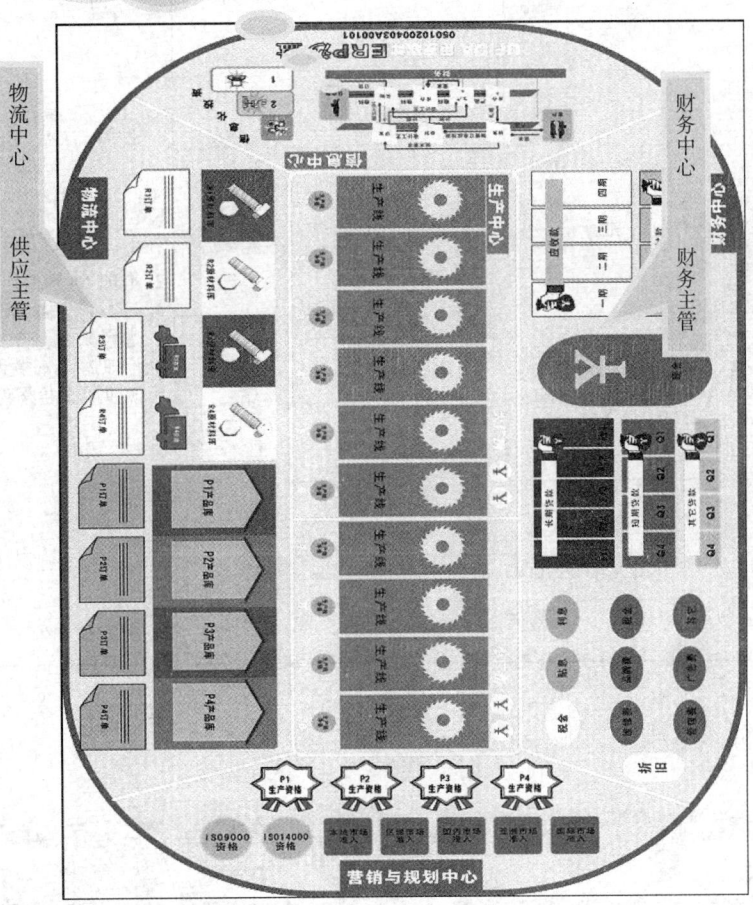

2. 产品规则

(1) 产品构成规则

原料
(供应商): 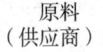 R1  R2 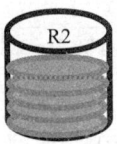 R3 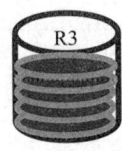 R4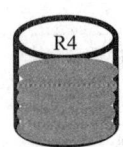

原料订单： 　　　资金：

在制品/产成品：

产品构成规则	原料	加工费	产品成本	原材料购买规则
P1 产品	R1		2M	
P2 产品	R2 + R3		3M	1. R1、R2 提前期 1 季度；
P3 产品	R1 + R3 + R4	1M	4M	2. R3、R4 提前期 2 季度； 3. 原材料价格 1M； 4. 紧急采购，价款为原材料价格的两倍即 2M，付款即到货； 5. 购买产品价格为产品成本的 3 倍。
P4 产品	R2 + R3 + 2R4		5M	

（2）产品研发规则

产品	P1	P2	P3	P4
研发时间	2Q	4Q	6Q	6Q
研发资金	2M	4M	6M	12M
投资规则	1M/Q	1M/Q	1M/Q	2M/Q

注意：

※研发投资计入综合费用，研发投资完成后持全部投资换取产品生产资格证。

※新产品研发投资可以同时进行，按季度平均支出或延期，资金短缺时可以中断；但必须完成投资后方可接单生产。

※研发方法（以 P2 产品为例）

第一步：先放空桶到 P2 生产资格处；

第二步：再每个季度投 1M/Q 灰币，投 4 个季度；

第三步：4 个季度后用投放完的 4 个币到老师处购买 P2 生产资格标牌，获得 P2 生产资格。

3. 市场开拓规则

市场开拓的方法可参照产品研发方法。

市场	开拓费用	持续时间
区域	1M	1 年
国内	2M	2 年
亚洲	3M	3 年
国际	4M	4 年

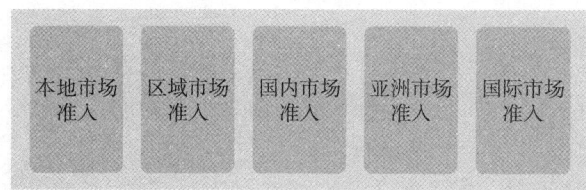

4. ISO 认证规则

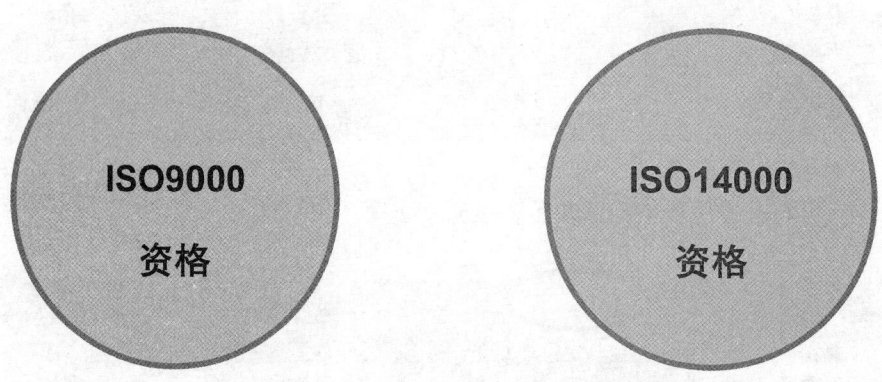

管理体系	ISO9000	ISO14000
建立时间	≥2 年	≥2 年
所需投资	1M/年	2M/年

（1）ISO 认证：两项认证投资可同时进行或延期，相应投资完成后领取 ISO 资格证。
（2）研发投资与认证投资计入当年综合费用。
（3）研发方法：以 ISO9000 为例，投资 2 年，1M/年共 2M 可获资格。

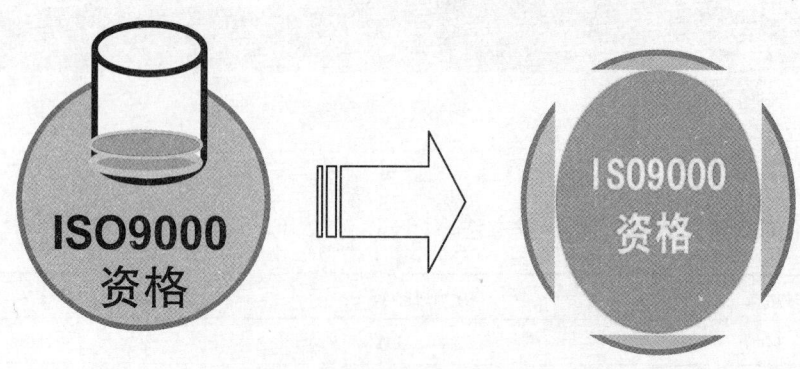

5. 厂房买卖规则

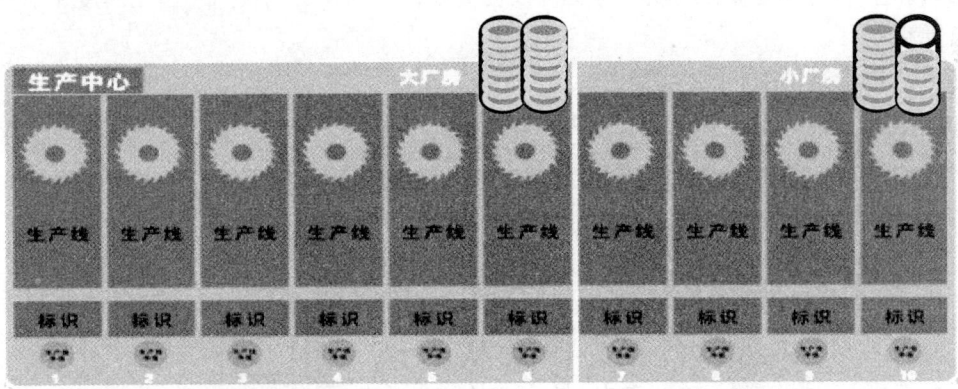

厂房购买、租金和容量。

厂房	买价	租金	售价	容量
大厂房	40M	5M/年	40M（4Q）	6 条生产线
小厂房	30M	3M/年	30M（4Q）	4 条生产线

（1）厂房变卖。

（2）购买厂房。

（3）支付厂房租金。年底决定厂房是购买还是租赁，出售厂房计入 4Q 应收款，购买后将购买价放在厂房价值处，厂房不提折旧。

6. 生产线买卖规则

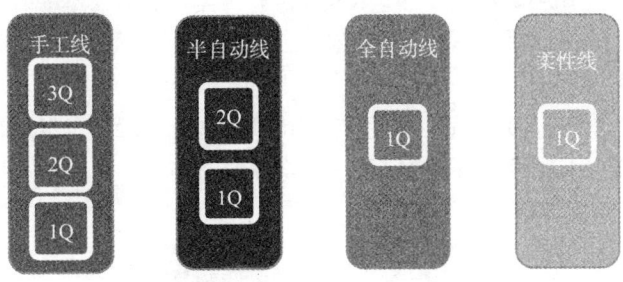

四种类型生产线。

生产线	购买价格	安装周期	生产周期	转产周期	总转产费	维护费用	出售残值	每年计提折旧
手工线	5M	无	3Q	无	无	1M/年	1M	1M
半自动	10M	2Q	2Q	1Q	1M	1M/年	2M	2M
全自动	15M	3Q	1Q	1Q	2M	1M/年	3M	3M
柔性线	20M	4Q	1Q	无	无	1M/年	4M	4M

生产线的购买：

投资新生产线时按安装周期平均支付投资资金，全部投资到位后下一个季度领取产品标识，开始生产。

步骤（以全自动生产线为例）：

第一步：先到老师处拿一个全自动的纸牌；

第二步：将全自动的纸牌翻到反面，放上空桶；

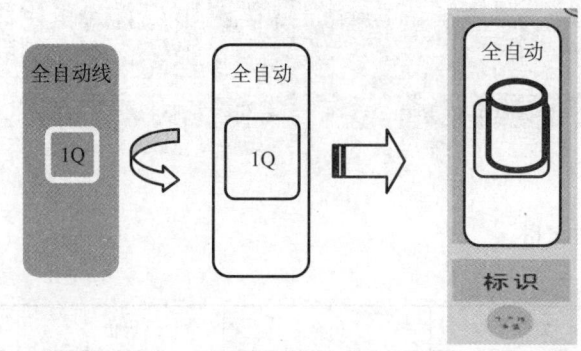

第三步：全自动生产线买价15M，安装周期3Q投入为每季5M/Q；

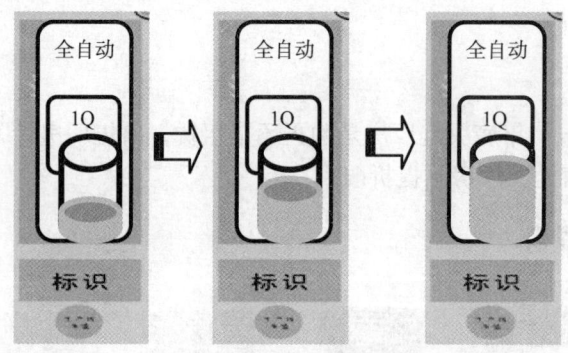

第四步：当3个季度15M投完后，将装有15M的桶，移到生产线前面的净值处，将生产线纸牌反过来，第4季度可以开始生产产品。

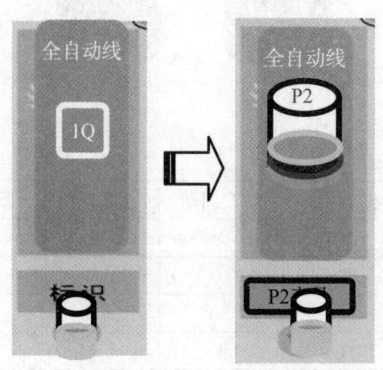

7. 融资规则

贷款类型	贷款时间	贷款额度	年利率	还款方式
长期贷款	每年年初	长短贷之和不超过上年权益的3倍-已贷款数	10%	年初付息，到期还本
短期贷款	每季季初		5%	到期一次还本付息
应收款贴现	任何时间	1、2期贴现息10%，3、4期贴现息12%		

8. 市场规则

（1）市场预测

每年年初各企业的销售经与客户见面并召开销售会，根据市场地位、产品广告投入、市场广告投入和市场需求及竞争态势，按顺序选择订单。

（2）广告投放规则

1. 每个市场（本地/区域/国内/亚洲/国际市场）、每个产品（P1/P2/P3/P4产品）至少要投1M的广告费，否则视其放弃某市场、某产品的销售。

2. 在某个产品上投放广告费，每多投2M，有多一次选单的可能。如某产品投广告费5M，如有订单可选3个订单。

3. ISO9000、ISO140000，在广告单上打"√"，来证明已投资开发获得该资格认证，无须投广告费。

（3）广告选单先后顺序规则

1. 第1年以各公司广告费多少来决定谁最先选单。但注意广告费太多，可能连成本也回不来，但太少又不利于争当市场领导者。

第2年以后竞单规则入下：

2. 第1选单者：上年该市场P系列产品销售额最多者。

3. 第2选单者：当年广告费最多者。

4. 第3选单者：若当年广告相同，则累计几年广告费总和最多者。

5. 第4选单者：若当年广告费及广告费总和相同，则按除销售排名第1者外，其他销售排名领先者。

6. 第5选单者：若上面3、4、5相同，则先完成财务报表者。

7. 再相同，先交广告单者。

9. 电脑计算各公司得分规则

$$总得分 = 结束年所有者权益 \times (1 + 总分/100)$$

公式中"总分"由下列加分组成：

1. 开发完成并形成销售的市场：区域：10分；国内：15分；亚洲：20分；国际：25分。

2. 研发完成并形成销售的产品：P2：5分；P3：10分；P4：15分。

3. 目前拥有自主权的厂房：大厂房：15分；小厂房：10分。

4. 目前拥有的生产线：手工：5分/条；半自动：10分/条；全自动：15分/条；柔性：15分/条。

5. 完成质量管理体系认证：ISO9000：10 分；ISO14000：15 分。

任务 3　初始年经营

【知识目标】
※掌握企业经营管理模拟沙盘的企业的初始状态。
【能力目标】
※能运用企业经营管理模拟沙盘的规则根据模拟企业的初始状态开展经营活动。
【任务分析】
※设定企业的初始年状态，进行初始年的经营。
【实训时间】
※实训时间：2 学时。
【实训指导】

实训项目单（1-3）

所属系部：			编制人：		编制日期：　年　月　日		
课程名称	企业经营管理沙盘实训	项目名称	沙盘的概述、沙盘规则讲解、起始年经营	任务名称	初始年经营	任务编号	1-3
实训对象		实训地点		实训学时	2	参考教材	
实训目的	掌握企业经营管理模拟沙盘的初始状态 能运用企业经营管理模拟沙盘的规则根据企业的初始状态开展起始年经营活动						
内容（实训设备与工具、方法、步骤、要求或考核标准等） 一、实训设备与工具准备 参考资料与耗材准备： 1. 企业经营报表 2. 用友 ERP 手工沙盘 二、教学组织要求（编组要求、指导教师数及指导要求等） 1. 6~7 位同学编为一个学习小组 2. 小组人员各施其责 3. 责任明确，分工与合作相结合 三、实训内容与步骤 （一）实训内容： 1. 企业经营管理模拟沙盘的初始状态 2. 运用企业经营管理模拟沙盘的规则根据企业的初始状态开展起始年经营活动 （二）步骤 1. 老师讲授 1）企业经营管理模拟沙盘的初始状态 2）指导学生运用企业经营管理模拟沙盘的规则根据企业的初始状态开展起始年经营活动 2. 学生分组讨论，明确项目任务，制订项目实施计划 1）掌握企业经营管理模拟沙盘的初始状态 2）按照老师的指示运用规则根据企业的初始状态开展起始年经营活动 四、考核标准 1. 按实训有关考核项目进行过程考核 60%，结果考核 40% 2. 小组成员自评实训成绩 3. 老师综合考评							

1. 盘面摆放

企业初始状态设定，请按下列图表进行初始状态的摆盘：

1.1 生产中心

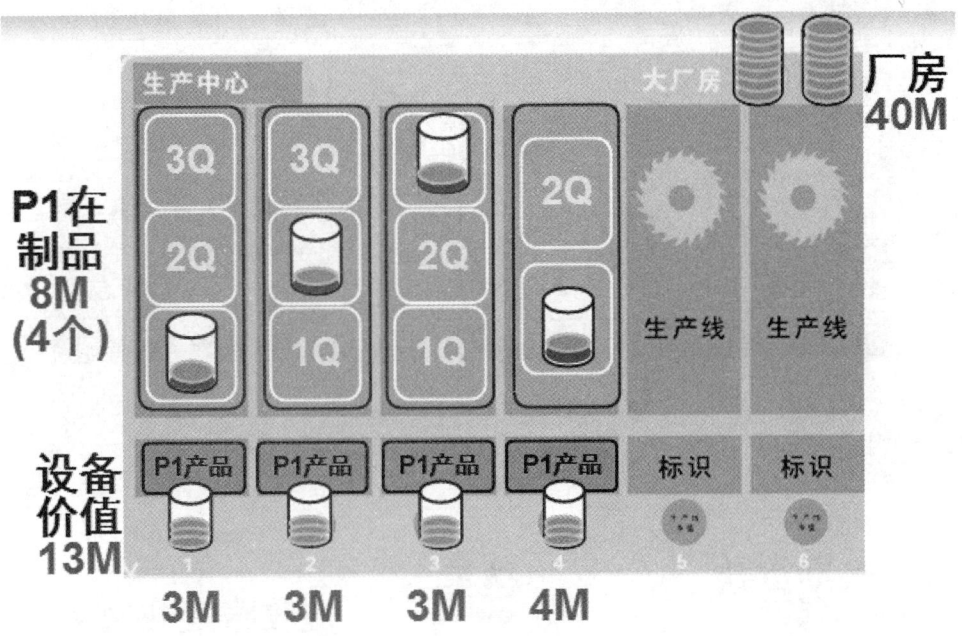

（1）厂房，价值40M（40个灰币）；
（2）生产线状态如下表所示：

线号	类型	生产线净值（M）	生产线状态		
			1Q	2Q	3Q
1	手工线	3（3个灰币）	P1		
2	手工线	3（3个灰币）		P1	
3	手工线	3（3个灰币）			P1
4	半自动线	4（4个灰币）	P1		

（3）在制品，4个P1产品，共8M。（每个P1产品，由一个R1原材料（红币）和一个加工费（灰币）组成）摆放在生产线上相应的位置。

1.2 物流中心

1. R1原材料1个，价值1M；
2. P1产品4个，价值8M；
3. R1原材料订单，2个。

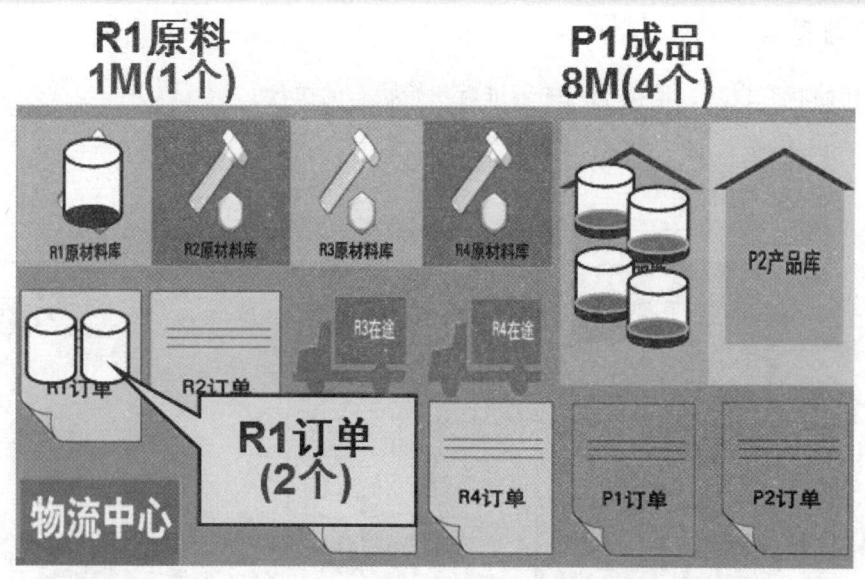

1.3 财务中心

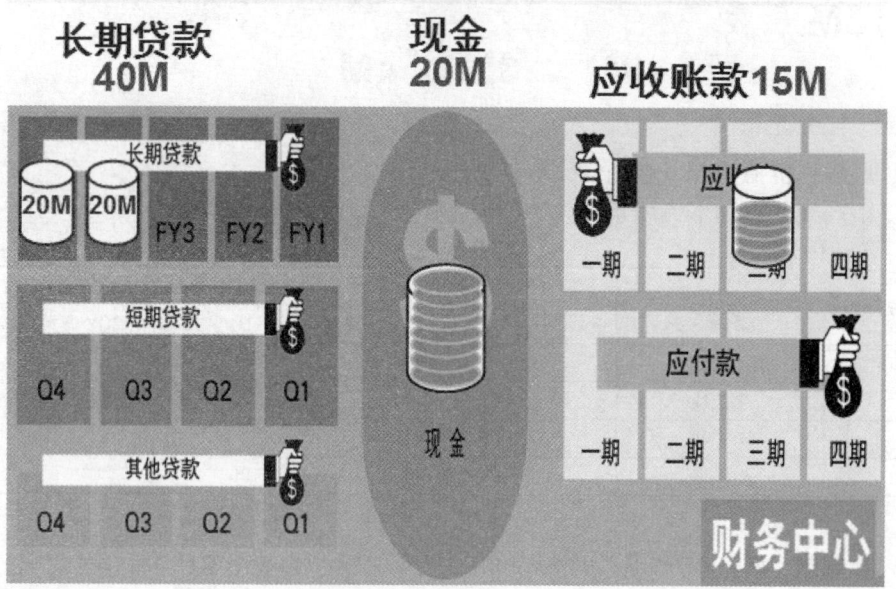

1. 现金，20M（20个灰币）；
2. 应收账款，三期15M（15个灰币）；
3. 长期贷款，五年期（FY5）20M（一个空桶），四年前（FY4）20M（一个空桶）。

1.4 起始年数据

资产负债表 单位：M

资产		金额	负债+所有者权益		金额
现金	+	20	长期负债	+	40
应收款	+	15	短期负债	+	0
在制品	+	8	应付款	+	0
成品	+	8	应交税金	+	1
原料	+	1	一年到期的长贷	+	0
流动资产合计	=	52	负债合计	=	41
固定资产			权益		
土地和建筑	+	40	股东资本	+	51
机器和设备	+	13	利润留存	+	11
在建工程	+	0	年度净利	+	3
固定资产合计	=	53	所有者权益合计	=	64
总资产	=	105	负债+权益	=	105

利润表 单位：M

项目		金额
销售收入	+	35
直接成本	−	12
毛利	=	23
综合费用	−	11
折旧前利润		12
折旧		4
支付利息前利润	=	8
财务收入/支出	+/−	4
额外收入/支出	+/−	0
税前利润	=	4
所得税		1
净利润	=	3

起始年的经营

下面，开始起始年的经营，请根据以下步骤，由各位经理，填写第__页相应的表格：

2. 起始年第一季度经营

2.1 召开新年度规划会议

【经营表格填写】

CEO 总经理填写表格。

	按顺序执行下列操作。空格内：收入、支出（红色）填写数字，√为已经进行的工作，×为未进行的工作				
1	新年度规划会议	√			
2	参加订货会/登记销售订单（这里登记广告费）				
3	制订新年度计划				
4	支付应付税				

2.2　召开销售会议后，投放1M广告，取得订单

【盘面操作】

财务经理从现金里拿1M放到综合费用的广告处。

销售经理取得以下订单。

```
第0年      本地市场      LP1 - 1/6

产品数量：6P1
产品单位：5.3M/个
总　金　额：32M
应收账期：2Q
```

【经营表格填写】

CEO 总经理填写表格。

	按顺序执行下列操作。空格内：收入、支出（红色）填写数字，√为已经进行的工作，×为未进行的工作				
1	新年度规划会议	√			
2	参加订货会/登记销售订单（这里登记广告费）	-1			
3	制订新年度计划				
4	支付应付税				

财务经理填写经营表格。

序号	季度 Q	1		2		3		4	
	项目	收/支	结存	收/支	结存	收/支	结存	收/支	结存
1	期初库存现金		20						
2	本年市场广告投入	-1	19						
3	支付上年应交税金								
4	（更新长期贷款）填金额	FY1（　）	FY2（　）	FY3（　）	FY4（　）	FY5（　）			

销售经理请将取得的市场订单登记在"订单登记表"中，填写方法如下：

订单号	LP1-1/6						
市场	本地						
产品	P1						
数量	6						
账期	2Q						
销售额	32						
成本	12						
毛利	20						

销售经理填写商品核算统计表。

	P1	P2	P3	P4	合计
数量	6				6
销售额	32				32
成本	12				12
毛利	20				20

销售经理填写经营表格。

广告投入金额（年）		P1	P2	P3	P4	合计
	本地					
	区域	1				1
	国内					
	亚洲					
	国际					
	小计	1				1

竞单记录（个）	产品	P1		P2		P3		P4		合计
	可接产品	10								10
	计划/实际	计	实	计	实	计	实	计	实	实际
	本地	10	6							6
	区域									
	国内									
	亚洲									
	国际									
	小计	10	6							6

1.3 制订新年度计划

CEO总经理填写表格。

按顺序执行下列操作。空格内：收入、支出（红色）填写数字，√为已经进行的工作，×为未进行的工作					
1	新年度规划会议	√			
2	参加订货会/登记销售订单（这里登记广告费）	−1			
3	制订新年度计划	√			
4	支付应付税				

1.4 支付税金

【盘面操作】

财务经理从现金里拿1M（一个灰币）放到综合费用的税金处；

【表格填写】

CEO总经理填写表格。

按顺序执行下列操作。空格内：收入、支出（红色）填写数字，√为已经进行的工作，×为未进行的工作					
1	新年度规划会议	√			
2	参加订货会/登记销售订单（这里登记广告费）	−1			
3	制订新年度计划	√			
4	支付应付税	−1			

财务经理填写经营表格。

序号	季度 Q 项目	1 收/支	1 结存	2 收/支	2 结存	3 收/支	3 结存	4 收/支	4 结存
1	期初库存现金	/	20						
2	本年市场广告投入	−1	19						
3	支付上年应交税金	−1	18						
4	（更新长期贷款）填金额	FY1 ( ) FY2 ( ) FY3 ( ) FY4 ( ) FY5 ( )								

1.5 年初：申请长期贷款、还款、付利息

【盘面操作】

原设有40M长期贷款，财务经理将两个空桶向现金方向各移动1年；

从现金处拿4个灰币放到综合费用的利息处（长期贷款利息10%，在这里同时需付4M利息）。

【表格填写】

CEO总经理填写表格。

起始年第1季度。

2	参加订货会/登记销售订单（这里登记广告费）	-1	
3	制订新年度计划	√	
4	支付应付税	-1	
5	申请长期贷款/更新长期贷款/还本/支付长期贷款利息	-4	
6	季初现金盘点		
7	申请短期贷款/更新短贷/归还短期贷款/支付短贷利息		

财务经理填写经营表格。

序号	季度 Q	1		2		3		4	
	项目	收/支	结存	收/支	结存	收/支	结存	收/支	结存
1	期初库存现金		20						
2	本年市场广告投入	-1	19						
3	支付上年应交税金	-1	18						
4	（更新长期贷款）填金额	FY1（　）FY2（　）FY3（20）FY4（20）FY5（　）							

序号	季度 Q	1		2	
	项目	收/支	结存	收/支	结存
5	申请/归还长期贷款		18		
6	支付长期贷款利息	-4	14		
7	季初现金盘点				
8	申请/归还短期贷款				
9	支付短期贷款利息				

1.6 季初现金盘点

【盘面操作】

盘点盘面现金，共 14 个灰币。

计算现金 20 - 1 - 1 - 4 = 14。

【表格填写】

CEO 总经理填写经营表格。

起始年第 1 季度。

2	参加订货会/登记销售订单（这里登记广告费）	-1	
3	制订新年度计划	√	
4	支付应付税	-1	
5	申请长期贷款/更新长期贷款/还本/支付长期贷款利息	-4	
6	季初现金盘点	14	
7	申请短期贷款/更新短贷/归还短期贷款/支付短贷利息		

财务经理填写经营表格。

序号	季度 Q	1		2	
	项目	收/支	结存	收/支	结存
5	申请/归还长期贷款		18		
6	支付长期贷款利息	-4	14		
7	季初现金盘点		14		
8	申请/归还短期贷款				
9	支付短期贷款利息				

1.7 申请短期贷款/更新短贷/归还短期贷款/支付短贷利息

暂不申请短期贷款。

1.8 原材料入库/更新原料订单

【盘面操作】

供应经理将 R1 原料订单处的 2 个空桶拿出来，向财务经理拿 2 个灰币，到老师处买 2 个 R1 的原料，放到 R1 原材料库，并登记支出 2。

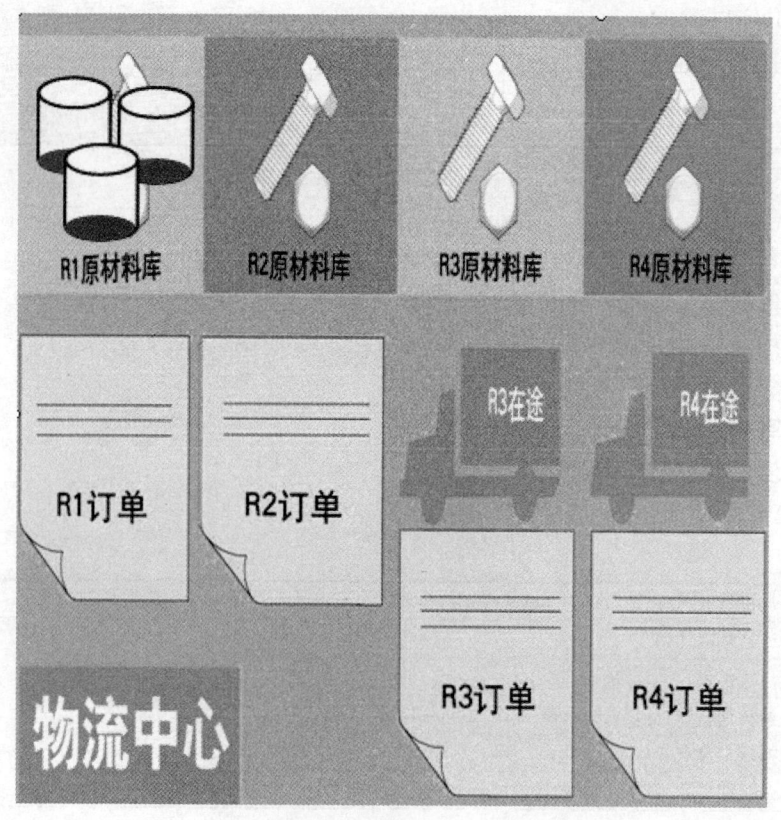

【表格填写】

CEO 总经理填写经营表格。

7	申请短期贷款/更新短贷/归还短期贷款/支付短贷利息	×	
8	原材料入库/更新原材料订单/原材料紧急采购（填写买原材料金额）	−2	
9	更新生产/完工入库（生产线在制品向下一季度移动，下线成品入库）		
10	申请长期贷款/更新长期贷款/还本/支付长期贷款利息		
11	季初现金盘点		
12	申请短期贷款/更新短贷/归还短期贷款/支付短贷利息		

财务经理填写经营表格。

序号	季度 Q		1				2			
	项目		收/支		结存		收/支		结存	
10	（更新短期贷款）填金额	季度 Q	1	2	3	4	1	2	3	4
		金额								
11	原料采购支付现金		−2		12					
12	开始下一批生产加工费									
13	生产线投资/卖生产线									
14	生产线转产费用									

生产经理填写经营表格。

1	季度 Q	一季度 1Q				二季度 2Q			
		R1	R2	R3	R4	R1	R2	R3	R4
3	季初库存原材料盘点（个）								
4	本季原材料入库（个）购买数量	2							
5	紧急采购/个（价格：1×2）								
6	更新原料订单：个/移动 R3，R4 空桶								

供应经理填写经营表格。

1	季度 Q		一季度 1Q				二季度 2Q			
		原料	R1	R2	R3	R4	R1	R2	R3	R4
		数量（个）								
5	原材料入库（个）		2							
6	紧急采购/个（价格：1×2）									
7	更新原料订单：个/移动 R3R4 空桶									

1.9 更新生产/完工入库

【盘面操作】

生产经理将每条生产线上的在制品 P1，向前移动一季度，第 3 条线完工下线的 P1 产品，放到 P1 产品库。

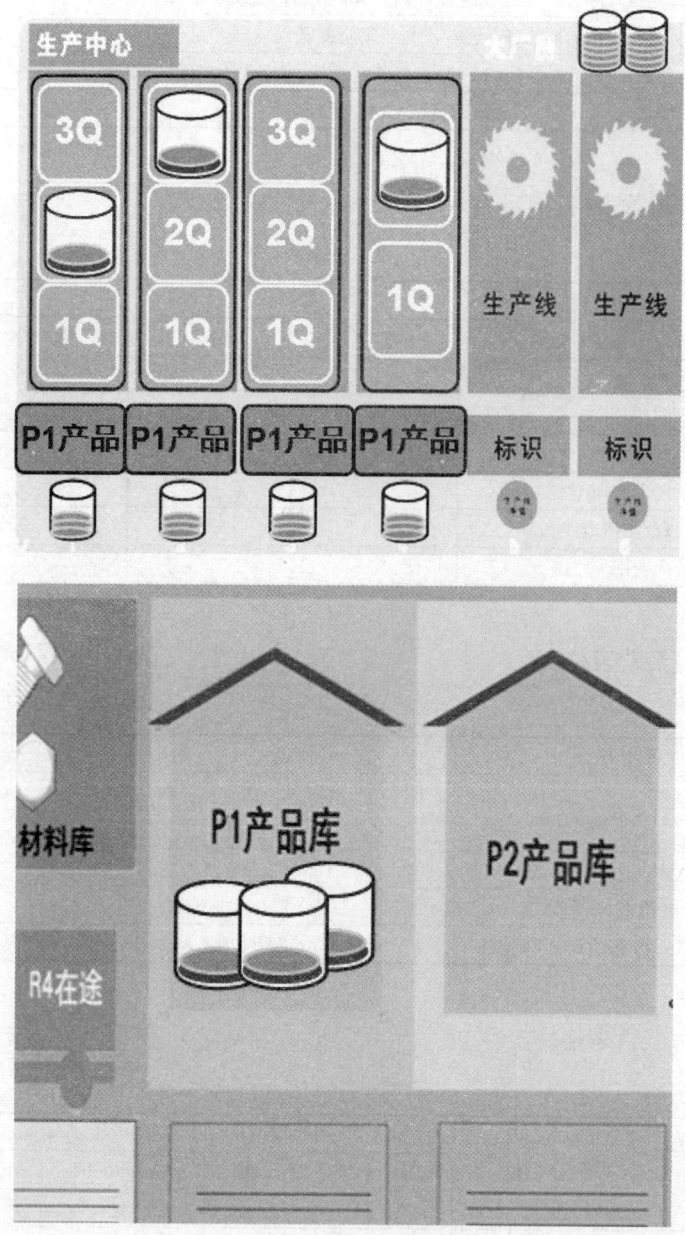

【表格填写】

CEO 总经理填写经营表格。

7	申请短期贷款/更新短贷/归还短期贷款/支付短贷利息	×	
8	原材料入库/更新原料订单	-2	
9	更新生产/完工入库	√	
10	开始下一批生产		
11	下原料订单		
12	投资新生产线/变卖生产线/生产线转产		

生产经理填写经营表格（登记在制品在生产线上的位置）。

1		季度Q			一季度1Q			二季度2Q		
			线号	类型	1Q	2Q	3Q	1Q	2Q	3Q
7	更新生产/完工产品入库移动生产线上的产品，生产线类型：手、半、全、柔；空格内写产品如P1，并填入P1在生产线所处的季度Q的位置。季末状态		1	手		P1				
			2	手			P1			
			3	手						
			4	半		P1				
			5							
			6							
			7							
			8							
			9							
			10							

供应经理填写经营表格。

1		季度Q			一季度1Q			二季度2Q		
			线号	类型	1Q	2Q	3Q	1Q	2Q	3Q
8	更新生产/完工产品入库移动生产线上的产品，生产线类型有：手、半、全、柔；空格内写产品如P1，并填入P1在生产线所处的季度Q时间的位置。季末状态		1	手	P1					
			2	手			P1			
			3	手						
			4	半		P1				
			5							
			6							
			7							
			8							
			9							
			10							

1.10 开始下一批生产

【盘面操作】

生产经理向第3条空生产线放上一个R1原料，同时财务经理从现金中付一个加工费。

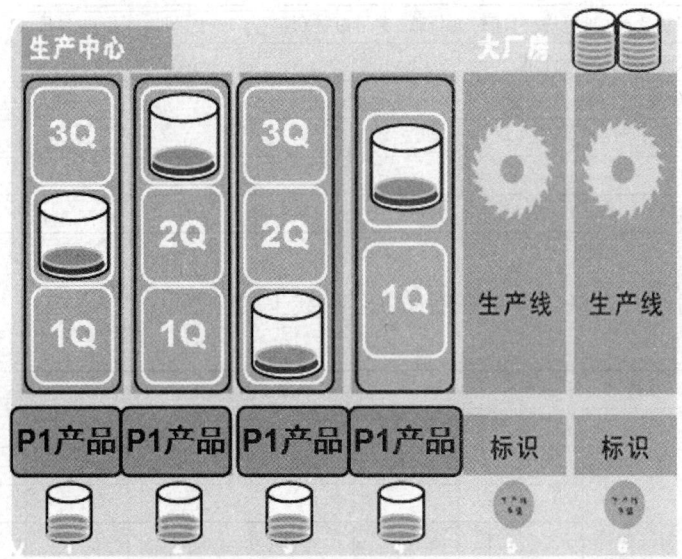

【表格填写】

CEO 总经理填写经营表格。

7	申请短期贷款/更新短贷/归还短期贷款/支付短贷利息	×	
8	原材料入库/更新原料订单	−2	
9	更新生产/完工入库	√	
10	开始下一批生产	−1	
11	下原料订单		
12	投资新生产线/变卖生产线/生产线转产		

财务经理填写经营表格。

序号	季度 Q		1				2			
	项目		收/支		结存		收/支		结存	
10	（更新短期贷款）填金额	季度 Q	1	2	3	4	1	2	3	4
		金额								
11	原料采购支付现金		−2		12					
12	开始下一批生产加工费		−1		11					
13	生产线投资/卖生产线									
14	生产线转产费用									

生产经理填写经营表格。

1		季度 Q			一季度 1Q			二季度 2Q		
7	更新生产/完工产品入库移动生产线上的产品，生产线类型：手、半、全、柔；空格内写产品如 P1，并填入 P1 在生产线所处的季度 Q 的位置。季末状态		线号	类型	1Q	2Q	3Q	1Q	2Q	3Q
			1	手		P1				
			2	手			P1			
			3	手	P1					
			4	半		P1				
			5							
			6							
			7							
			8							
			9							
			10							

1		季度 Q		一季度 1Q				二季度 2Q			
8	开始下一批生产		产品	P1	P2	P3	P4	P1	P2	P3	P4
			上线产品（个）	1							
			加工费（个）	1							
9	下原料订单（个/放置空桶）		原料	R1	R2	R3	R4	R1	R2	R3	R4
			订购数量（个）								

供应经理填写经营表格。

1		季度 Q			一季度 1Q			二季度 2Q		
8	更新生产/完工产品入库移动生产线上的产品，生产线类型有：手、半、全、柔；空格内写产品如 P1，并填入 P1 在生产线所处的季度 Q 时间的位置。季末状态		线号	类型	1Q	2Q	3Q	1Q	2Q	3Q
			1	手		P1				
			2	手			P1			
			3	手	P1					
			4	半		P1				
			5							
			6							
			7							
			8							
			9							
			10							

1		季度 Q		一季度 1Q				二季度 2Q			
9	入库产品		产品	P1	P2	P3	P4	P1	P2	P3	P4
			数量（个）	1							
10	开始下一批生产		数量（个）	1							
			加工费（金额）	1							

续表

11	空余生产线数量、线号	条： 号：				条： 号：			
12	下原料订单提前放空桶	原料	R1	R2	R3	R4	R1	R2	R3	R4
		订货数量（个）								
13	原料订货总数（含途中订单处）									

1.11 下原料订单

【盘面操作】

供应经理拿 1 个空桶放到盘上黄色 R1 订单处，表示已提前一季度订了 1 个 R1 的原料。

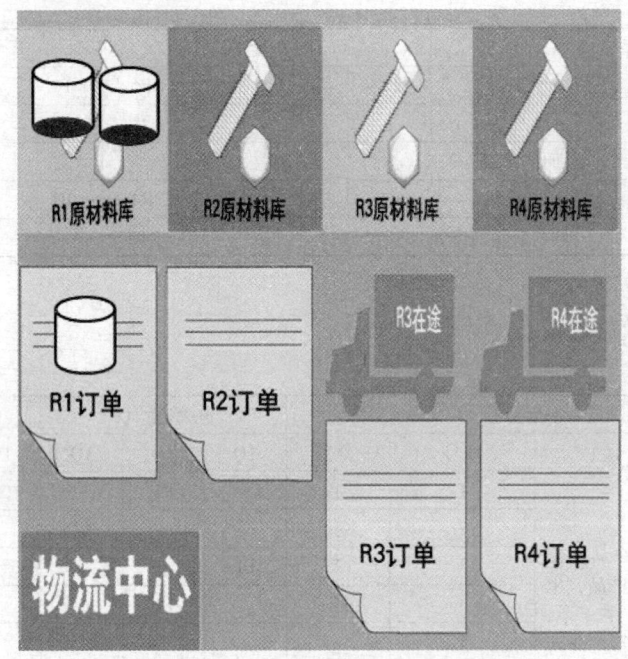

【表格填写】

CEO 总经理填写经营表格。

7	申请短期贷款/更新短贷/归还短期贷款/支付短贷利息	×	
8	原材料入库/更新原料订单	−2	
9	更新生产/完工入库	√	
10	开始下一批生产	−1	
11	下原料订单	√	
12	投资新生产线/变卖生产线/生产线转产		

生产经理填写经营表格。

1	季度 Q		一季度 1Q				二季度 2Q			
8	开始下一批生产	产品	P1	P2	P3	P4	P1	P2	P3	P4
		上线产品（个）	1							
		加工费（个）	1							
9	下原料订单（个/放置空桶）	原料	R1	R2	R3	R4	R1	R2	R3	R4
		订购数量（个）	1							

供应经理填写经营表格。

1	季度 Q		一季度 1Q				二季度 2Q			
9	入库产品	产品	P1	P2	P3	P4	P1	P2	P3	P4
		数量（个）	1							
10	开始下一批生产	数量（个）	1							
		加工费（金额）	1							
11	空余生产线数量、线号		条： 号：				条： 号：			
12	下原料订单提前放空桶	原料	R1	R2	R3	R4	R1	R2	R3	R4
		订货数量（个）	1							
13	原料订货总数（含途中订单处）		1							

1.12 投资新生产线/变卖生产线/生产线转产

【盘面操作】
暂不投资新生产线。
【表格填写】
CEO 总经理填写经营表格。

7	申请短期贷款/更新短贷/归还短期贷款/支付短贷利息	×
8	原材料入库/更新原料订单	−2
9	更新生产/完工入库	√
10	开始下一批生产	−1
11	下原料订单	√
12	投资新生产线/变卖生产线/生产线转产	×

1.13 更新应收款/应收款收现

【盘面操作】
财务经理将 15M 的应收款从第三期移动到第二期。

【表格填写】

CEO 总经理填写经营表格。

12	投资新生产线/变卖生产线/生产线转产	×	
13	更新应收款/应收款收现	√	
14	出售厂房		
15	向其他企业购买成品/出售成品		
16	按订单交货		
17	产品研发投资		
18	支付行政管理费		

财务经理填写经营表格。

序号	季度 Q		1				2			
	项目		收/支		结存		收/支		结存	
15	（更新应收款）填移动金额数	季度 Q	1	2	3	4	1	2	3	4
		金额		15						
16	应收款收现（写移出数）		0							
17	出售厂房									
18	向其他企业买/卖产品									
19	支付产品研发投资									

1.14 出售厂房

【盘面操作】

暂不出售厂房。

【表格填写】

CEO 总经理填写经营表格。

12	投资新生产线/变卖生产线/生产线转产	×	
13	更新应收款/应收款收现	√	
14	出售厂房	×	
15	向其他企业购买成品/出售成品		
16	按订单交货		
17	产品研发投资		
18	支付行政管理费		

1.15 向其他企业购买成品/出售成品

【盘面操作】

暂不向其他企业购买成品/出售成品。

【表格填写】

CEO 总经理填写经营表格。

12	投资新生产线/变卖生产线/生产线转产	×	
13	更新应收款/应收款收现	√	
14	出售厂房	×	
15	向其他企业购买成品/出售成品	×	
16	按订单交货		
17	产品研发投资		
18	支付行政管理费		

1.16 按订单交货

【盘面操作】

现在库存只有 5 个 P1 产品，订单需要 6 个，暂无法交货。

【表格填写】

CEO 总经理填写经营表格。

12	投资新生产线/变卖生产线/生产线转产	×	
13	更新应收款/应收款收现	√	
14	出售厂房	×	
15	向其他企业购买成品/出售成品	×	
16	按订单交货	×	
17	产品研发投资		
18	支付行政管理费		

1.17　产品研发投资

【盘面操作】
暂不进行产品研发投资。
【表格填写】
CEO 总经理填写经营表格。

12	投资新生产线/变卖生产线/生产线转产	×	
13	更新应收款/应收款收现	√	
14	出售厂房	×	
15	向其他企业购买成品/出售成品	×	
16	按订单交货	×	
17	产品研发投资	×	
18	支付行政管理费		

1.18　支付行政管理费

【盘面操作】
每季度支付行政管理费 1M，财务经理从现金拿 1 个灰币，放到综合费用"管理费"处。
【表格填写】
CEO 总经理填写经营表格。

12	投资新生产线/变卖生产线/生产线转产	×	
13	更新应收款/应收款收现	√	
14	出售厂房	×	
15	向其他企业购买成品/出售成品	×	
16	按订单交货	×	
17	产品研发投资	×	
18	支付行政管理费	−1	

财务经理填写经营表格。

序号	季度 Q	1		2	
	项目	收/支	结存	收/支	结存
20	支付管理费用	−1	10		
21	贴现现金收现				
22	贴息利息				
23	其他收支（订单违约罚总金额20%）				

1.19 其他现金收支情况登记

【盘面操作】

暂无其他现金收支；

如果有违约罚款及贴现贴息，支出填在此处。

【表格填写】

CEO 总经理填写经营表格。

19	其他现金收支情况登记（未交订单总金额20%的罚款/贴息记于此）	×	
20	支付设备维护费（每条生产线1M/年）		
21	支付厂房租金/购买厂房		
22	计提折旧（每条生产线购买价1/5，剩到残值时停止提取）		
23	新市场开拓（记录投资本地/区域/国内/亚洲/国际市场金额）		
24	ISO 资格认证投资（记录投资开发 ISO9000/ISO14000 的金额）		

1.20 季末盘点

【盘面操作】

各经理进行盘点，总结。核对盘面情况。

【表格填写】

CEO 总经理填写经营表格。

23	新市场开拓（记录投资本地/区域/国内/亚洲/国际市场金额）		
24	ISO 资格认证投资（记录投资开发 ISO9000/ISO14000 的金额）		
25	结账（本栏内空格打√，说明已进行了年终算账）		
26	本季现金收入合计（第1季度不含广告、税金、长期贷款数）	0	
27	本季现金支出合计（注：折旧不计入第4季度现金支出）	−4	
28	期末现金对账（填写余额，与盘面余额一致）	10	

财务经理填写经营表格。

序号	季度 Q	1		2		3		4	
	项目	收/支	结存	收/支	结存	收/支	结存	收/支	结存
30	本季现金收入合计	0							
31	本季现金支出合计	−4							
32	本季结存现金余额	10							
33	本年销售收入：	利润：		资产：		所有者权益：			

销售经理填写经营表格。

季末产品入库及销售记录（个）	1/4 季度	库存	入库	出售	结存	1 季销售额
	P1	4	1	0	5	0
	P2					
	P3					
	P4					
	合计	4	1	0	5	0

生产经理填写经营表格。

1	季度 Q		一季度 1Q				二季度 2Q			
13	测算明年生产线生产能力（个）		扣除在制品数				P1： 个			
14	季末原料结存	原料	R1	R2	R3	R4	R1	R2	R3	R4
		数量（个）	2							
15	季末原材料订单结存空桶数	位置：3Q, 2Q, 1Q	2Q							
		数量（个）	1							

供应经理填写经营表格。

季末盘存原材料

1	季度 Q		一季度 1Q				二季度 2Q			
			R1	R2	R3	R4	R1	R2	R3	R4
14	季末原料盘存（个）	季初库存	1							
15		本季入库	2							
16		原料上线	1							
17		季末库存	2							

季末盘存产品

1	季度 Q		一季度 1Q				二季度 2Q			
18	季末产品盘存（个）	产品	P1	P2	P3	P4	P1	P2	P3	P4
19		季初库存	4							
20		在制品	4							
21		成品入库	1							
22		成品出库	0							
23		季末库存	5							

2. 起始年第二季度经营

2.1 季初盘点

【盘面操作】
财务经理进行季初现金盘点，生产经理、供应经理进行库存产品、原材料等的盘点。

【表格填写】

CEO 总经理填写经营表格。

起始年第 2 季度。

1	新年度规划会议	√	
2	参加订货会/登记销售订单（填当年广告费数额并从现金支付）	1	
3	制订新年度计划	√	
4	支付应付税金（填写上年应付税金数额并从现金支付）	−1	
5	申请长期贷款/更新长期贷款/还本/支付长期贷款利息	−4	
6	季初现金盘点（余额 = 去年现金 − 广告费 − 税金 ± 长贷本息）	14	10
7	申请短期贷款/更新短期贷款/还本付息	×	

财务经理填写经营表格。

序号	季度 Q	1		2	
	项目	收/支	结存	收/支	结存
5	申请/归还长期贷款		18		
6	支付长期贷款利息	−4	14		
7	季初现金盘点		14		10
8	申请/归还短期贷款		14		
9	支付短期贷款利息		14		

生产经理填写经营表格。

1	季度 Q	一季度 1Q				二季度 2Q			
2	季初生产线上在制品盘点（个）	P1	P2	P3	P4	P1	P2	P3	P4
		4				4			
3	季初库存原材料盘点（个）	R1	R2	R3	R4	R1	R2	R3	R4
		1				2			

供应经理填写经营表格。

1	季度 Q			一季度 1Q				二季度 2Q			
2	季初盘点	产品		P1	P2	P3	P4	P1	P2	P3	P4
		库存	数量（个）	4				4			
3		在制品	数量（个）	4				4			
4		原材料	原料	R1	R2	R3	R4	R1	R2	R3	R4
			数量（个）	1				2			

2.2 原材料入库/更新原料订单

【盘面操作】

购买1个原材料。供应经理将 RI 原料订单处的1个空桶拿出来，从现金里拿1个灰币，到老师处买1个 R1 的原料，放到 R1 原材料库。

【表格填写】

CEO 总经理填写经营表格。

7	申请短期贷款/更新短期贷款/还本付息	×	×
8	原材料入库/更新原料订单/原材料紧急采购（填写买原料金额数）	−2	−1
9	更新生产/完工入库（生产线在制品向下一季度移动，下线成品入库）	√	√
10	开始下一批生产（向空生产线上产品原料，并记录投入的加工费）	√	√
11	下原料订单（用空桶放在需买原料的订单提前期 Q 处）	√	√
12	投资新生产线/变卖生产线/生产线转产（记录投入金额数）	×	×

财务经理填写经营表格。

序号	季度 Q		1				2			
	项目		收/支		结存		收/支		结存	
10	（更新短期贷款）填金额	季度 Q	1	2	3	4	1	2	3	4
		金额								
11	原料采购支付现金		−2		12		−1		9	
12	开始下一批生产加工费		−1		11					
13	生产线投资/卖生产线				11					
14	生产线转产费用				11					

生产经理填写经营表格。

1	季度 Q	一季度 1Q				二季度 2Q			
		R1	R2	R3	R4	R1	R2	R3	R4
3	季初库存原材料盘点（个）								
4	本季原材料入库（个）购买数量	2				1			
5	紧急采购/个（价格：1×2）								
6	更新原料订单：个/移动 R3, R4 空桶								

供应经理填写经营表格。

1	季度 Q	一季度 1Q				二季度 2Q			
		R1	R2	R3	R4	R1	R2	R3	R4
5	原材料入库（个）	2				1			
6	紧急采购/个（价格：1×2）								
7	更新原料订单：个/移动 R3R4 空桶								

2.3 更新生产/完工入库

【盘面操作】

生产经理将每条生产线上的在制品 P1，向前移动一季度，第 2、4 条线完工下线的 P1 产品，放到 P1 产品库。

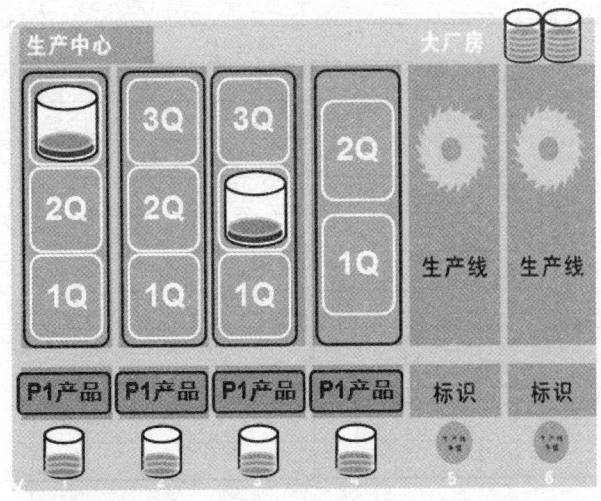

【表格填写】

CEO 总经理填写经营表格。

7	申请短期贷款/更新短期贷款/还本付息	×	×
8	原材料入库/更新原料订单/原材料紧急采购（填写买原料金额数）	−2	−1
9	更新生产/完工入库（生产线在制品向下一季度移动，下线成品入库）	√	√
10	开始下一批生产（向空生产线上产品原料，并记录投入的加工费）	√	
11	下原料订单（用空桶放在需买原料的订单提前期 Q 处）	√	
12	投资新生产线/变卖生产线/生产线转产（记录投入金额数）	×	

生产经理填写经营表格。

1		季度 Q			一季度 1Q			二季度 2Q		
7	更新生产/完工产品入库移动生产线上的产品，生产线类型：手、半、全、柔；空格内写产品如 P1，并填入 P1 在生产线所处的季度 Q 的位置。季末状态		线号	类型	1Q	2Q	3Q	1Q	2Q	3Q
			1	手		P1				P1
			2	手			P1			
			3	手	P1				P1	
			4	半		P1				
			5							
			6							
			7							
			8							
			9							
			10							

供应经理填写经营表格。

1		季度 Q			一季度 1Q			二季度 2Q		
8	更新生产/完工产品入库移动生产线上的产品，生产线类型有：手、半、全、柔；空格内写产品如 P1，并填入 P1 在生产线所处的季度 Q 时间的位置。季末状态		线号	类型	1Q	2Q	3Q	1Q	2Q	3Q
			1	手		P1				P1
			2	手			P1			
			3	手	P1				P1	
			4	半		P1				
			5							
			6							
			7							
			8							
			9							
			10							

2.4 开始下一批生产

【盘面操作】

生产经理向第2、4条空生产线上各上1个R1原料,财务经理同时各付个加工费。

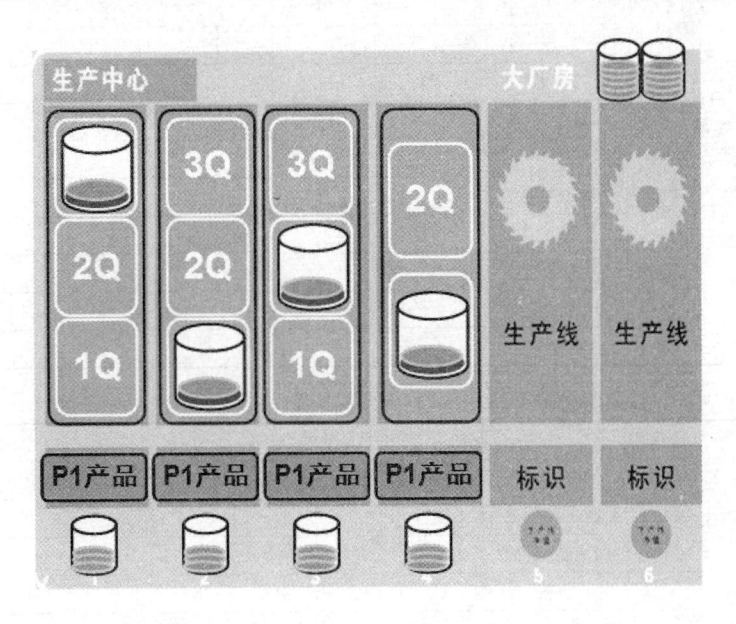

【表格填写】

CEO 总经理填写经营表格。

7	申请短期贷款/更新短期贷款/还本付息	×	×
8	原材料入库/更新原料订单/原材料紧急采购(填写买原料金额数)	−2	−1
9	更新生产/完工入库(生产线在制品向下一季度移动,下线成品入库)	√	√
10	开始下一批生产(向空生产线上产品原料,并记录投入的加工费)	√	−2
11	下原料订单(用空桶放在需买原料的订单提前期Q处)	√	
12	投资新生产线/变卖生产线/生产线转产(记录投入金额数)	×	

财务经理填写经营表格。

序号	季度 Q		1				2			
	项目		收/支		结存		收/支		结存	
10	(更新短期贷款)填金额	季度 Q	1	2	3	4	1	2	3	4
		金额								
11	原料采购支付现金			−2		12		−1		9
12	开始下一批生产加工费			−1		11		−2		7
13	生产线投资/卖生产线					11				
14	生产线转产费用					11				

生产经理填写经营表格。

1		季度 Q			一季度 1Q			二季度 2Q		
7	更新生产/完工产品入库移动生产线上的产品，生产线类型：手、半、全、柔；空格内写产品如 P1，并填入 P1 在生产线所处的季度 Q 的位置。季末状态		线号	类型	1Q	2Q	3Q	1Q	2Q	3Q
			1	手		P1				P1
			2	手			P1	P1		
			3	手	P1				P1	
			4	半		P1		P1		
			5							
			6							
			7							
			8							
			9							
			10							

1		季度 Q		一季度 1Q				二季度 2Q			
8	开始下一批生产		产品	P1	P2	P3	P4	P1	P2	P3	P4
			上线产品（个）	1				2			
			加工费（个）	1				2			
9	下原料订单（个/放置空桶）		原料	R1	R2	R3	R4	R1	R2	R3	R4
			订购数量（个）	1							

供应经理填写经营表格。

1		季度 Q			一季度 1Q			二季度 2Q		
8	更新生产/完工产品入库移动生产线上的产品，生产线类型有：手、半、全、柔；空格内写产品如 P1，并填入 P1 在生产线所处的季度 Q 时间的位置。季末状态		线号	类型	1Q	2Q	3Q	1Q	2Q	3Q
			1	手		P1				P1
			2	手			P1	P1		
			3	手	P1				P1	
			4	半		P1		P1		
			5							
			6							
			7							
			8							
			9							
			10							

1		季度 Q		一季度 1Q				二季度 2Q			
9	入库产品		产品	P1	P2	P3	P4	P1	P2	P3	P4
			数量（个）	1				2			
10	开始下一批生产		数量（个）	1				2			
			加工费（金额）	1				2			

续表

11	空余生产线数量、线号	条:无 号:无				条: 号:			
12	下原料订单提前放空桶	原料	R1	R2	R3	R4	R1	R2	R3	R4
		订货数量（个）	1							
13	原料订货总数（含途中订单处）	1							

2.5 下原料订单

【盘面操作】

供应经理拿 2 个空桶放到盘上黄色 R1 订单处，表示已提前一季度订了 2 个 R1 的原料。

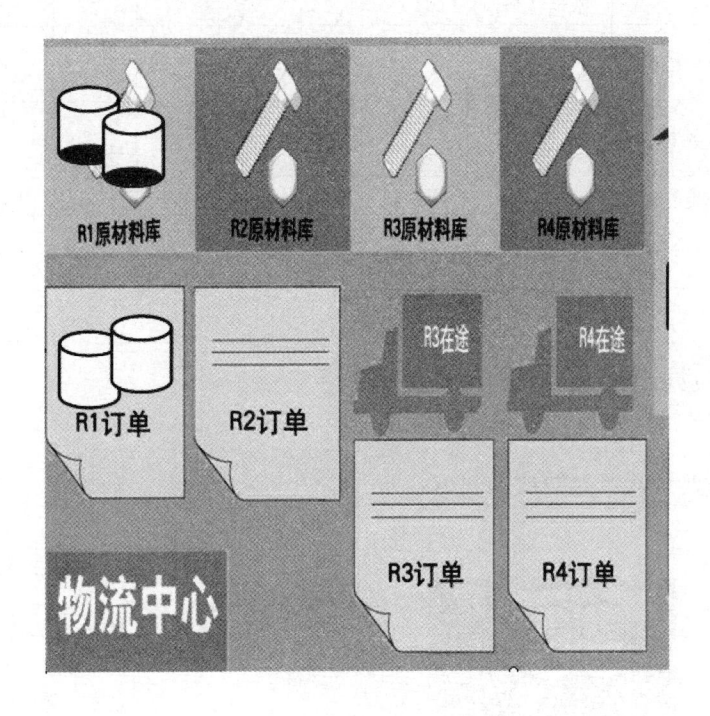

【表格填写】

CEO 总经理填写经营表格。

7	申请短期贷款/更新短期贷款/还本付息	×	×
8	原材料入库/更新原料订单/原材料紧急采购（填写买原料金额数）	−2	−1
9	更新生产/完工入库（生产线在制品向下一季度移动，下线成品入库）	√	√
10	开始下一批生产（向空生产线上产品原料，并记录投入的加工费）	√	−2
11	下原料订单（用空桶放在需买原料的订单提前期 Q 处）	√	√
12	投资新生产线/变卖生产线/生产线转产（记录投入金额数）	×	

生产经理填写经营表格。

1	季度 Q		一季度 1Q				二季度 2Q			
8	开始下一批生产	产品	P1	P2	P3	P4	P1	P2	P3	P4
		上线产品（个）	1				2			
		加工费（个）	1				2			
9	下原料订单 （个/放置空桶）	原料	R1	R2	R3	R4	R1	R2	R3	R4
		订购数量（个）	1				2			

供应经理填写经营表格。

1	季度 Q		一季度 1Q				二季度 2Q			
9	入库产品	产品	P1	P2	P3	P4	P1	P2	P3	P4
		数量（个）	1				2			
10	开始下一批生产	数量（个）	1				2			
		加工费（金额）	1				2			
11	空余生产线数量、线号		条：无 号：无				条： 号：			
12	下原料订单提前放空桶	原料	R1	R2	R3	R4	R1	R2	R3	R4
		订货数量（个）	1				2			
13	原料订货总数（含途中订单处）		1				2			

2.6 更新应收款、应收款收现

【盘面操作】

将 15M 的应收款从第二期移动到第一期。

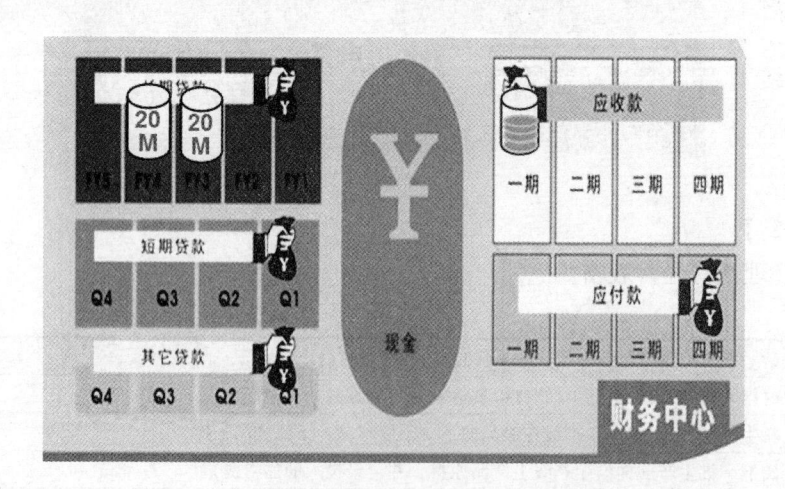

【表格填写】

CEO 总经理填写经营表格。

12	投资新生产线/变卖生产线/生产线转产（记录投入金额数）	×	×
13	更新应收款/应收款收现（移动应收款/记录到期应收数额）	√	√
14	出售厂房（出售厂房的资金放到应收款的四期4Q处）	×	
15	向其他企业购买成品/出售成品（记录买/卖成交的实际价格）	×	
16	按订单交货（根据库存与订单把产品卖到老师处，0期写金额）	×	
17	产品研发投资（记录投资开发P2/P3/P4投入的金额）	×	
18	支付行政管理费（每季度1M）	−1	

财务经理填写经营表格。

序号	季度Q		1				2			
	项目		收/支		结存		收/支		结存	
15	（更新应收款）填移动金额数	季度Q	1	2	3	4	1	2	3	4
		金额		15				15		
16	应收款收现（写移出数）		0							
17	出售厂房		×							
18	向其他企业买/卖产品		×							
19	支付产品研发投资		×							

2.7 按订单交货

【盘面操作】

6个P1订单产品数量与库存7个产品，正好可以交货，拿订单和6个产品，卖到老师处。操作完后记√。

卖产品得到32M现金，按订单上的账期2Q，放到应收款的二期处。

【表格填写】

CEO 总经理填写经营表格。

12	投资新生产线/变卖生产线/生产线转产（记录投入金额数）	×	×
13	更新应收款/应收款收现（移动应收款/记录到期应收款数额）	√	√
14	出售厂房（出售厂房的资金放到应收款的四期4Q处）	×	×
15	向其他企业购买成品/出售成品（记录买/卖成交的实际价格）	×	×
16	按订单交货（根据库存与订单把产品卖到老师处，0期写金额）	×	√
17	产品研发投资（记录投资开发 P2/P3/P4 投入的金额）	×	
18	支付行政管理费（每季度1M）	−1	

财务经理填写经营表格。

序号	季度 Q		1				2			
	项目		收/支		结存		收/支		结存	
15	（更新应收款）填移动金额数	季度 Q	1	2	3	4	1	2	3	4
		金额		15			15	32		
16	应收款收现（写移出数）		0							
17	出售厂房		×							
18	向其他企业买/卖产品		×							
19	支付产品研发投资		×							

2.8 支付行政管理费

【盘面操作】

每季度支付行政管理费1M，财务经理从现金拿1个灰币，放到综合费用"管理费"处。

【表格填写】

CEO 总经理填写经营表格。

12	投资新生产线/变卖生产线/生产线转产（记录投入金额数）	×	×
13	更新应收款/应收款收现（移动应收款/记录到期应收款数额）	√	√
14	出售厂房（出售厂房的资金放到应收款的四期4Q处）	×	×
15	向其他企业购买成品/出售成品（记录买/卖成交的实际价格）	×	×
16	按订单交货（根据库存与订单把产品卖到老师处，0期写金额）	×	√
17	产品研发投资（记录投资开发 P2/P3/P4 投入的金额）	×	×
18	支付行政管理费（每季度1M）	−1	−1

财务经理填写经营表格。

序号	季度 Q 项目	1 收/支	1 结存	2 收/支	2 结存
20	支付管理费用	-1	10	-1	6
21	贴现现金收现		10		
22	贴息利息		10		
23	其他收支（订单罚款20%）		10		

2.9 季末盘点

【盘面操作】
各经理进行盘点，总结。核对盘面情况。

【表格填写】
CEO 总经理填写经营表格。

23	新市场开拓（记录投资本地/区域/国内/亚洲/国际市场金额）		
24	ISO 资格认证投资（记录投资开发 ISO9000/ISO14000 的金额）		
25	结账（本栏内空格打√，说明已进行了年终算账）		
26	本季现金收入合计（第1季度不含广告、税金、长期贷款数）	0	0
27	本季现金支出合计（注：折旧不计入第4季度现金支出）	-4	-4
28	期末现金对账（填写余额，与盘面余额一致）	10	6

财务经理填写经营表格。

序号	季度 Q 项目	1 收/支	1 结存	2 收/支	2 结存	3 收/支	3 结存	4 收/支	4 结存
30	本季现金收入合计	0	0						
31	本季现金支出合计	-4	-4						
32	本季结存现金余额	10	6						
33	本年销售收入：	利润：		资产：		所有者权益：			

销售经理填写经营表格。

季末产品入库及销售记录（个）	第2季度	库存	入库	出售	结存	第2季销售额
	P1	5	2	6	1	32
	P2					
	P3					
	P4					
	合计	5	2	6	1	32

生产经理填写经营表格。

1	季度 Q	一季度 1Q				二季度 2Q			
13	测算明年生产线生产能力（个）	扣除在制品数 P1：　个　P2：　个 P3：　个　P4：　个							
14	季末原料结存	原料	R1	R2	R3	R4	R1	R2	R3	R4
		数量（个）	2				1			
15	季末原材料订单结存空桶数	位置：3Q, 2Q, 1Q	2Q				2Q			
		数量（个）	1				1			

供应经理填写经营表格。

1	季度 Q		一季度 1Q				二季度 2Q			
			R1	R2	R3	R4	R1	R2	R3	R4
14	季末原料盘存（个）	季初库存	1				2			
15		本季入库	2				1			
16		原料上线	1				2			
17		季末库存	2				1			

3. 起始年第三季度经营

3.1 季初盘点

【盘面操作】

各经理进行盘点，总结。核对盘面情况。

3.2 原材料入库

【盘面操作】

供应经理将 R1 原料订单处的 2 个空桶拿出来，财务经理从现金里拿 2 个灰币，到老师处买 2 个 R1 的原料，放到 R1 原材料库，并登记支出 2M。

3.3 更新生产、完工入库

【盘面操作】

生产经理将每条生产线上的在制品 P1，向前移动一季度，完工下线的 1 个 P1 产品，放到 P1 产品库。

3.4 开始下一批生产

【盘面操作】

生产经理向第 1 条空生产线上各上 1 个 R1 原料，同时各付 1 个加工费，并在此栏记录加工费 1。

3.5 下原料订单

【盘面操作】

供应经理拿 1 个空桶放到盘上黄色 R1 订单处，表示已提前一季度订了 1 个 R1 的原料。

3.6 更新应收款、应收款收现

【盘面操作】

财务经理将 15M 的应收款从第一期移动到现金处，并记录收到现金数；同时把 32M 的应收款从第二期移动到第一期。

3.7 支付行政管理费

【盘面操作】

财务经理每季度支付行政管理费 1M，财务经理从现金拿 1 个灰币，放到综合费用"管理费"处。

3.8 季末盘点

【盘面操作】

各经理进行盘点，总结。核对盘面情况。

【表格填写】

CEO 总经理填写经营表格。

23	新市场开拓（记录投资本地/区域/国内/亚洲/国际市场金额）			
24	ISO 资格认证投资（记录投资开发 ISO9000/ISO14000 的金额）			
25	结账（本栏内空格打√，说明已进行了年终算账）			
26	本季现金收入合计（第 1 季度不含广告、税金、长期贷款数）	0	0	15
27	本季现金支出合计（注：折旧不计入第 4 季度现金支出）	-4	-4	-4
28	期末现金对账（填写余额，与盘面余额一致）	10	6	17

4. 起始年第四季度经营

4.1 季初盘点

【盘面操作】

各经理进行盘点，总结。核对盘面情况。

4.2 原材料入库

【盘面操作】

供应经理将 RI 原料订单处的 1 个空桶拿出来，财务经理从现金里拿 1 个灰币，到老师处买 1 个 R1 的原料，放到 R1 原材料库，并登记支出 1M。

4.3 更新生产、完工入库

【盘面操作】

生产经理将每条生产线上的在制品 P1，向前移动一季度，完工下线的 2 个 P1 产品，放到 P1 产品库。

4.4 开始下一批生产

【盘面操作】

生产经理向第 3、4 条空生产线上各上 1 个 R1 原料，同时各付 1 个加工费，并在此栏记录加工费 2M。

4.5 下原料订单

【盘面操作】

供应经理拿 2 个空桶放到盘上黄色 R1 订单处，表示已提前一季度订了 2 个 R1 的原料。

4.6 更新应收款、应收款收现

【盘面操作】

财务经理将 32M 的应收款从第一期移动到现金处，并记录收到现金数。

4.7 支付行政管理费

【盘面操作】

财务经理每季度支付行政管理费 1M，财务经理从现金拿 1 个灰币，放到综合费用"管理费"处。

4.8 支付设备维护费

【盘面操作】

只要建成的生产线，每条线每年有 1M 的维护费，从现金处支付，在此处登记，4 条线共 4M。

【表格填写】

CEO 总经理填写经营表格。

19	其他现金收支情况登记（未交订单总金额 20% 的罚款/贴息记于此）	×	×	×	×
20	支付设备维护费（每条生产线 1M/年）				−4
21	支付厂房租金/购买厂房				
22	计提折旧（每条生产线购价 1/5，剩到残值时停止提取）				( ) 0
23	新市场开拓（记录投资本地/区域/国内/亚洲/国际市场金额）				
24	ISO 资格认证投资（记录投资开发 ISO9000/ISO14000 的金额）				

4.9 计提折旧

【盘面操作】

生产经理计提折旧，折旧从生产线前面的"生产线净值"处提取。3 条手工线，提折旧 1M/条，各取一个灰币，共 3M；1 条半自动线，提折旧 2M/条，取两个灰币，共 2M；折旧费不记入现金支出。

19	其他现金收支情况登记（未交订单总金额20%的罚款/贴息记于此）	×	×	×	×
20	支付设备维护费（每条生产线1M/年）				−4
21	支付厂房租金/购买厂房				×
22	计提折旧（每条生产线购买价1/5，剩到残值时停止提取）				(5)0
23	新市场开拓（记录投资本地/区域/国内/亚洲/国际市场金额）				×
24	ISO资格认证投资（记录投资开发ISO9000/ISO14000的金额）				×

4.10 季末盘点

【盘面操作】
各经理进行盘点，总结。核对盘面情况。

【表格填写】
CEO 总经理填写经营表格。

23	新市场开拓（记录投资本地/区域/国内/亚洲/国际市场金额）				×
24	ISO资格认证投资（记录投资开发ISO9000/ISO14000的金额）				×
25	结账（本栏内空格打√，说明已进行了年终算账）				√
26	本季现金收入合计（第1季度不含广告、税金、长期贷款数）	0	0	15	32
27	本季现金支出合计（注：折旧不计入第4季度现金支出）	−4	−4	−4	−8
28	期末现金对账（填写余额，与盘面余额一致）	10	6	17	41

4.11 财务经理填写"综合费用表"、"利润表"、"资产负债表"

CEO 总经理经营表格
（起 始 年）

序号	企业经营流程 请按顺序执行下列各项操作。	空格内：填经营过程中收入、支出（红色）的金额数字 其他填符号：√——已进行了的工作 ×——未进行的工作			
1	新年度规划会议				
2	参加订货会/登记销售订单（填当年广告费数额并从现金支付）				
3	制订新年度计划				

续表

序号	企业经营流程 请按顺序执行下列各项操作。	空格内：填经营过程中收入、支出（红色）的金额数字 其他填符号：√——已进行了的工作　×——未进行的工作				
4	支付应付税金（填写上年应付税金数额并从现金支付）					
5	申请长期贷款/更新长期贷款/还本/支付长期贷款利息					
6	季初现金盘点（余额＝去年现金－广告费－税金±长贷本息）					
7	申请短期贷款/更新短期贷款/还本付息					
8	原材料入库/更新原料订单/原材料紧急采购（填写买原料金额数）					
9	更新生产/完工入库（生产线在制品向下一季度移动，下线成品入库）					
10	开始下一批生产（向空生产线上产品原料，并记录投入的加工费）					
11	下原料订单（用空桶放在需买原料的订单提前期 Q 处）					
12	投资新生产线/变卖生产线/生产线转产（记录投入金额数）					
13	更新应收款/应收款收现（移动应收款/记录到期应收款数额）					
14	出售厂房（出售厂房的资金放到应收款的四期 4Q 处）					
15	向其他企业购买成品/出售成品（记录买/卖成交的实际价格）					
16	按订单交货（根据库存与订单把产品卖到老师处，0 期写金额）					
17	产品研发投资（记录投资开发 P2/P3/P4 投入的金额）					
18	支付行政管理费（每季度1M）					
19	其他现金收支情况登记（未交订单总金额20%的罚款/贴息记于此）					
20	支付设备维护费（每条生产线1M/年）					
21	支付厂房租金/购买厂房					
22	计提折旧（每条生产线购买价1/5，剩到残值时停止提取）					（ ）0
23	新市场开拓（记录投资本地/区域/国内/亚洲/国际市场金额）					
24	ISO 资格认证投资（记录投资开发 ISO9000/ISO14000 的金额）					
25	结账（本栏内空格打√，说明已进行了年终算账）					
26	本季现金收入合计（第1季度不含广告、税金、长期贷款数）					
27	本季现金支出合计（注：折旧不计入第4季度现金支出）					
28	期末现金对账（填写余额，与盘面余额一致）					

销售经理经营表格
（起　始　年）

1. 订单登记表序号

序号	订单号								
1	市场								
2	产品								
3	数量								
4	账期 Q								
5	销售额								
6	成本								
7	毛利								
8	未售								

注：毛利＝销售额－成本。单位产品成本：P1＝2，P2＝3，P3＝4，P4＝5。

2. 产品核算统计表（本表由营销主管填写）

序号	产品	P1	P2	P3	P4	合计
1	数量					
2	销售额					
3	成本					
4	毛利					

注：毛利 = 销售额 - 成本。单位产品成本：P1 = 2，P2 = 3，P3 = 4，P4 = 5。

3. 销售经理经营情况表

	产品	P1	P2	P3	P4	合计	产品开发	1Q	2Q	3Q	4Q	合计
接单能力（个）	期初库存						P1 费用					
	在制品						P2 费用					
	生产能力						P3 费用					
	小计						P4 费用					

						市场开发费用（年）	本地		量认证开发费用（年）	ISO9000	
广告投入金额（年）	本地							区域				
	区域							国内			ISO14000	
	国内							亚洲				
	亚洲							国际				
	国际							小计				
	小计											

	可接产品							向其他企业购买/出售产品记录（±）				
	计划/实际	计	实	计	实	计	实	计	实	实际	产品	第 季度Q	第 季度Q	合计
竞单记录（个）	本地											数量	金额	数量	金额	数量	金额
	区域										P1						
	国内										P2						
	亚洲										P3						
	国际										P4						
	小计										小计						

	1/2 季度	库存	入库	出售	结存	1 季销售额	库存	入库	出售	结存	第2季度销售额
季末产品入库及销售记录（个）	P1										
	P2										
	P3										
	P4										
	合计										
本年销售总额（ ）	3/4 季度	库存	入库	出售	结存	3 季销售额	库存	入库	出售	结存	第4季度销售额
	P1										
	P2										
	P3										
	P4										
	合计										

年底盘存明年销售数量测算	产品	P1	P2	P3	P4	合计	1. 库存：仓库年底未销售的所余产品。 2. 在制品：生产线上的产品。 3. 生产能力：扣除生产线已有的产品，还能生产产品的数量。 4. 广告投标时，请仔细参考市场预测图。
	库存						
	在制品						
	生产能力						
	合计						

财务总监经营表格

1. 现金收支记录表（起始年）

序号	季度Q 项目		1 收/支	1 结存	2 收/支	2 结存	3 收/支	3 结存	4 收/支	4 结存
1	期初库存现金									
2	本年市场广告投入									
3	支付上年应交税金									
4	（更新长期贷款）填金额		FY1（　）	FY2（　）		FY3（　）		FY4（　）		FY5（　）
5	申请/归还长期贷款									
6	支付长期贷款利息									
7	季初现金盘点									
8	申请/归还短期贷款									
9	支付短期贷款利息									
10	（更新短期贷款）填金额	季度Q	1 2 3 4		1 2 3 4		1 2 3 4		1 2 3 4	
		金额								
11	原料采购支付现金									
12	开始下一批生产加工费									
13	生产线投资/卖生产线									
14	生产线转产费用									
15	（更新应收款）填移动金额数	季度Q	1 2 3 4		1 2 3 4		1 2 3 4		1 2 3 4	
		金额								
16	应收款收现（写移出数）									
17	出售厂房									
18	向其他企业买/卖产品									
19	支付产品研发投资									
20	支付管理费用									
21	贴现现金收现									
22	贴息利息									
23	其他收支（订单罚款20%）									
24	支付设备维护费用									
25	支付厂房租金									
26	购买新厂房									
27	计提折旧								（　）	
28	市场开拓投资									
29	ISO认证投资									

续表

序号	季度 Q	1		2		3		4	
	项目	收/支	结存	收/支	结存	收/支	结存	收/支	结存
30	本季现金收入合计								
31	本季现金支出合计								
32	本季结存现金余额								
33	本年销售收入：	利润：		资产：		所有者权益：			

2. 综合管理费用明细表（起始年）　　　　　　　　　单位：M

序号	项目	金额	备注
1	管理费		（与盘面灰币数量一致）
2	广告费		（与盘面灰币数量一致）
3	维修费		（与盘面灰币数量一致）
4	租金		（与盘面灰币数量一致）
5	转产费		（与盘面灰币数量一致）
6	市场准入开拓		□区域　　□国内　　□亚洲　　□国际
7	ISO 资格认证		ISO9000（　　）　　ISO14000（　　）
8	产品研发		P2（　　）　　P3（　　）　　P4（　　）
9	其他		同盘面一致。向其他企业购买产品高于成本的数记于此
10	合计		（10 = 1 + 2 + 3 + 4 + 5 + 6 + 7 + 8 + 9）

注：在市场准入开拓在□内打√，每√为1M。其他在括号内填写投入金额数，产品研发如：P2（4）。

3. 利润表（起始年）

序号	项目	数据来源及计算公式	上年数	本年数
1	销售收入	见产品核算统计表	35	
2	减：直接成本	见产品核算统计表	12	
3	毛利	3 = 1 − 2	23	
4	减：综合费用	见综合管理费用表	11	
5	折旧前利润	5 = 3 − 4	12	
6	减：折旧	见盘面综合费用处	4	
7	支付利息前利润	7 = 5 − 6	8	
8	减：财务支出（利息）	见盘面：利息 = 利息 + 贴息	4	
9	减/加：其他支出/收入	根据实际记录：±	0	
10	税前利润	10 = 7 − 8 ± 9	4	
11	减：所得税（应交税金）	11 = 10 × 0.25（向下取整）	1	
12	净利润（年度净利）	14 = 10 − 11	3	

注：1. 其他收入/支出：向其他企业卖/买产品，高于成本的数计于此。
　　2. 税前利润为负数时不计所得税，下表中"所有者权益合计"未达到66时也不计算所得税。

4. 资产负债表（起始年）

资产	期初数	期末数	负债和所有者权益	期初数	期末数
流动资产：			负债：		
1. 现金	20		1. 长期负债	40	
2. 应收款	15		2. 短期负债	0	
3. 在制品	8		3. 应付账款	0	
4. 成品	8		4. 应交税金	1	
5. 原料	1		5. 一年内到期的长期负债	0	
6. 流动资产合计	52		6. 负债合计	41	
固定资产：			所有者权益：		
7. 土地和建筑	40		7. 股东资本	50	
8. 机器与设备	13		8. 利润留存（上年8+9）	11	
9. 在建工程	0		9. 年度净利	3	
10. 固定资产合计	53		10. 所有者权益合计	64	
11. 资产总计	105		11. 负债和所有者权益总计	105	

注：1. 应交税金 = 利润表（上表）所得税；2. 当年利润留存 = 上年利润留存 + 上年年度净利；3. 年度净利 = 利润表（上表）净利润。

生产经理经营情况表（起始年）

1	季度 Q			一季度 1Q				二季度 2Q				三季度 3Q				四季度 4Q			
2	季初生产线上在制品盘点（个）			P1	P2	P3	P4	P1	P2	P3	P4	P1	P2	P3	P4	P1	P2	P3	P4
3	季初库存原材料盘点（个）			R1	R2	R3	R4	R1	R2	R3	R4	R1	R2	R3	R4	R1	R2	R3	R4
4	本季原材料入库（个）购买数量																		
5	紧急采购/个（价格：1×2）																		
6	更新原料订单：个/移动 R3, R4 空桶																		
7	更新生产/完工产品入库 移动生产线上的产品，生产线类型：手、半、全、柔；空格内写产品如P1，并填入 P1 在生产线所处的季度 Q 的位置。季末状态	线号	类型	1Q	2Q	3Q		1Q	2Q	3Q		1Q	2Q	3Q		1Q	2Q	3Q	
		1	手																
		2	手																
		3	手																
		4	半																
		5																	
		6																	
		7																	
		8																	
		9																	
		10																	
8	开始下一批生产	产品		P1	P2	P3	P4	P1	P2	P3	P4	P1	P2	P3	P4	P1	P2	P3	P4
		上线产品（个）																		
		加工费（个）																		

续表

9	下原料订单（个/放置空桶）	原料	R1	R2	R3	R4	R1	R2	R3	R4	R1	R2	R3	R4	R1	R2	R3	R4
		订购数量（个）																
10	本季下线成品	产品	P1	P2	P3	P4	P1	P2	P3	P4	P1	P2	P3	P4	P1	P2	P3	P4
		数量（个）																
11	本季末生产线上在制品（个）																	
12	新建/在建/转产/变卖生产线（填金额数；投产转记到第7栏）季末状态	线号	类型	1Q	2Q	3Q	4Q	1Q	2Q	3Q	4Q	1Q	2Q	3Q	4Q	1Q	2Q	3Q	4Q
13	测算明年生产线生产能力（个）		扣除在制品数		P1：个			P2：个			P3：个			P4：个				
14	季末原料结存	原料	R1	R2	R3	R4	R1	R2	R3	R4	R1	R2	R3	R4	R1	R2	R3	R4
		数量（个）																
15	季末原材料订单结存空桶数	位置：3Q，2Q，1Q																
		数量（个）																
16	支付设备维护费（年底支付）	生产线编号	1	2	3	4	5	6	7	8	9	10	合计		折旧费提取			
		维修费（个）											( )		手1M/年 半2M/年 全3M/年 柔4M/年 提到残值数停提取			
17	生产线计提折旧（年末）	提取金额（个）																
		生产线余净值											( )					

供应经理经营情况表（起始年）

1	季度Q		一季度1Q				二季度2Q				三季度3Q				四季度4Q			
2	季初盘点	产品	P1	P2	P3	P4	P1	P2	P3	P4	P1	P2	P3	P4	P1	P2	P3	P4
		库存 数量（个）																
3		在制品 数量（个）																
4		原材料	原料	R1	R2	R3	R4	R1	R2	R3	R4	R1	R2	R3	R4	R1	R2	R3	R4
			数量（个）																
5	原材料入库（个）																		
6	紧急采购/个（价格：1×2）																		
7	更新原料订单：个/移动R3R4空桶																		
8	更新生产/完工产品入库移动生产线上的产品，生产线类型有：手、半、全、柔；空格内写产品如P1，并填入P1在生产线所处的季度Q时间的位置。季末状态	线号	类型	1Q	2Q	3Q	1Q	2Q	3Q	1Q	2Q	3Q	1Q	2Q	3Q				
		1																	
		2																	
		3																	
		4																	
		5																	
		6																	
		7																	
		8																	
		9																	
		10																	

续表

			P1	P2	P3	P4	P1	P2	P3	P4	P1	P2	P3	P4	P1	P2	P3	P4
9	入库产品	产品																
		数量（个）																
10	开始下一批生产	数量（个）																
		加工费（金额）																
11	空余生产线数量、线号		条： 号：				条： 号：				条： 号：				条： 号：			
12	下原料订单提前放空桶	原料	R1	R2	R3	R4	R1	R2	R3	R4	R1	R2	R3	R4	R1	R2	R3	R4
		订货数量（个）																
13	原料订货总数（含途中订单处）																		
14	季末原料 盘存（个）	季初库存																
15		本季入库																
16		原料上线																
17		季末库存																
18	季末产品 盘存（个）	产品	P1	P2	P3	P4	P1	P2	P3	P4	P1	P2	P3	P4	P1	P2	P3	P4
19		季初库存																
20		在制品																
21		成品入库																
22		成品出库																
23		季末库存																
24	单位产品原料构成规则（个）		P1：R1				P2：R2+R3				P3：R1+R3+R4				P4：R2+R3+2R4			
25	原料提前订货期规则（季度）		P1：1Q				P2：1Q				P3：2Q				P4：2Q			

项目二　企业经营模拟沙盘第一年经营

任务1　第一年的经营环境情况分析

【知识目标】

※掌握企业经营模拟手工沙盘第一年的经营环境情况。

【能力目标】

※能根据企业第一年的经营环境情况对第一年的经营做出规划。

【任务分析】

※对模拟企业第一年的经营环境情况进行分析。

【实训时间】

※实训时间：0.5学时。

【实训指导】

实训项目单（2-1）

所属系部：　　　　　　　　编制人：　　　　　　编制日期：　　年　月　日

课程名称	企业管理沙盘	项目名称	企业经营模拟手工沙盘第一年的经营	任务名称	完成企业经营模拟手工沙盘第一年经营	任务编号	2-1
实训对象		实训地点		实训学时	0.5	参考教材	
实训目的	掌握模拟企业第一年的经营环境情况 能根据企业第一年的经营环境情况对第一年的经营做出规划							
内容（实训设备与工具、方法、步骤、要求或考核标准等） 一、实训设备与工具准备 参考资料与耗材准备： 1. 教材 2. 企业经营表格 二、教学组织要求（编组要求、指导教师数及指导要求等） 1. 6~7位同学编为一个学习小组 2. 小组人员各施其责 3. 责任明确，分工与合作相结合 三、实训内容与步骤 （一）实训内容 对模拟企业第一年的经营环境情况进行分析 （二）步骤 1. 老师讲授第一年的经营环境情况 2. 学生分组召开年度规划会议进行讨论，对第一年的经营做出规划 四、考核标准 1. 按实训有关考核项目进行过程考核60%，结果考核40% 2. 小组成员自评实训成绩 3. 老师综合考评							

第一年　感性认识

1. 企业经营的本质

企业利用一定的经济资源，通过向社会提供产品和服务，获取利润。

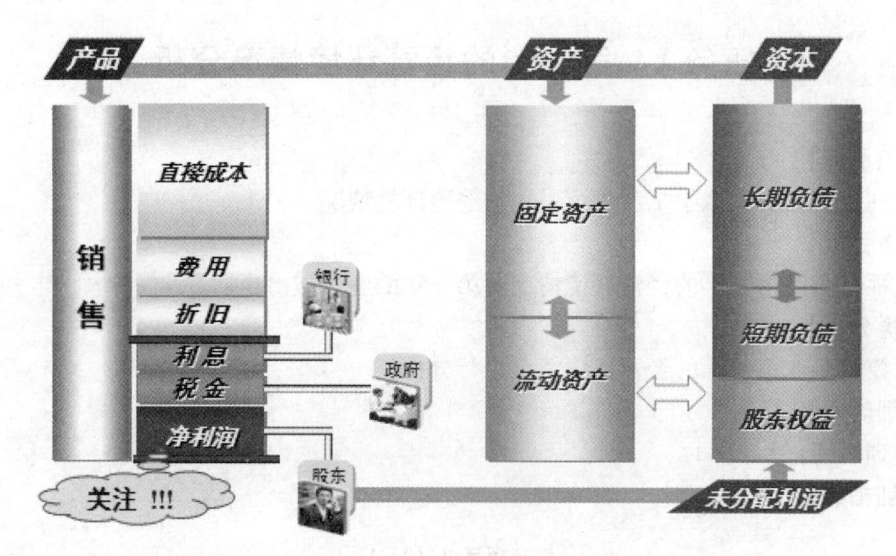

开源——努力扩大销售

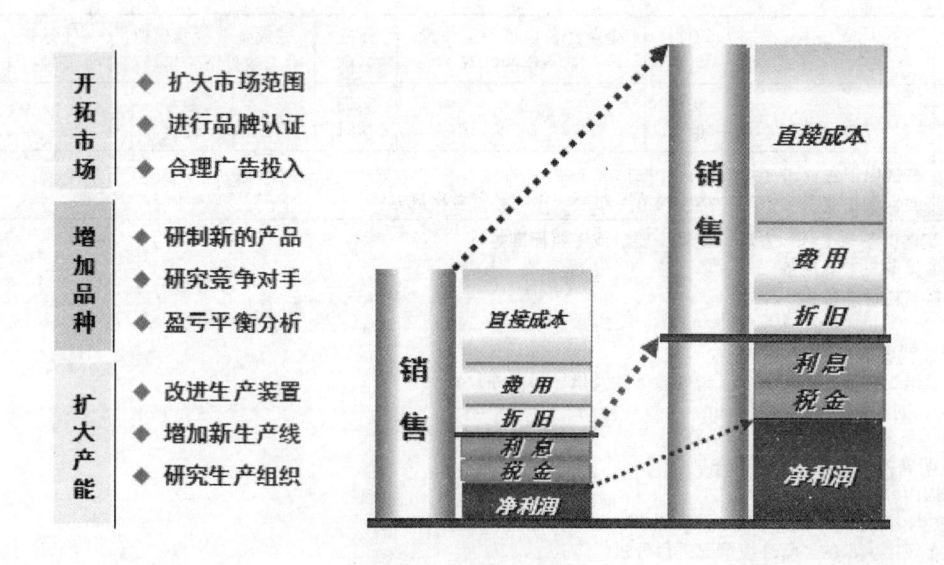

为什么要扩大销售

——无论是世界 500 强的评选还是其他的企业排名，销售额及其增长率都是最为关键的一个指标。

——销售额及其增长率可以反映一个企业的生命周期，如连续 2～3 年销售额增长率超过10%，就可被视为处于高速增长期。

——行业增长趋势与企业的市场份额决定着企业销售额的规模及其增长率。

扩大销售的意义

——销售额及其增长速度是表明企业整体实力的重要标志；
——销售额的增长速度可以衡量企业抵御风险的能力；
——销售额及其增长速度决定着企业的流动性；
——销售额的大小对企业成本水平有着重大影响；
——根据销售额增长率，可以确定企业的发展区间，这对于采取相应的财务策略是至关重要的。

2. 透视经营的利器

经营绩效评估——ROA、ROE。

经营绩效评估 —— ROA、ROE

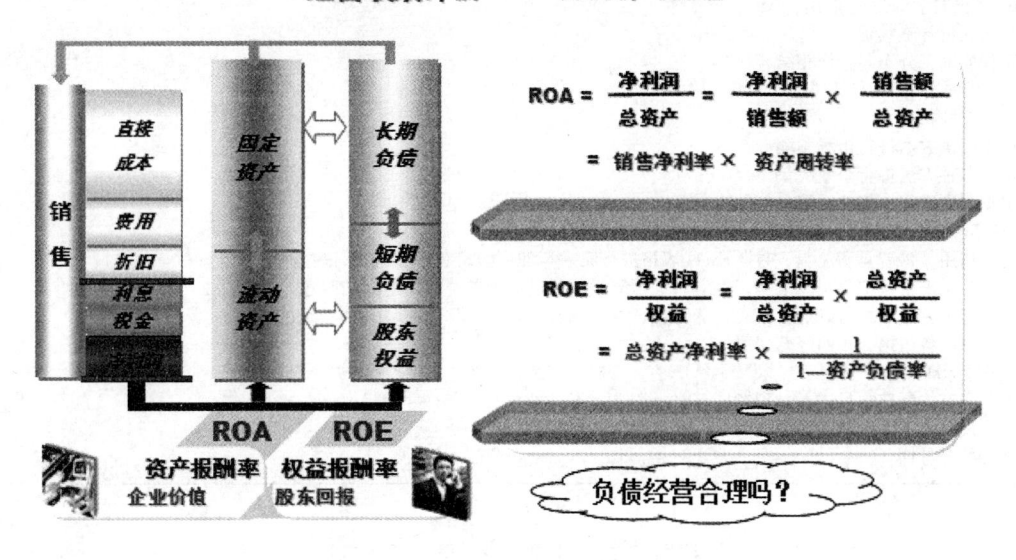

$$ROA = \frac{净利润}{总资产} = \frac{净利润}{销售额} \times \frac{销售额}{总资产}$$

$$= 销售净利率 \times 资产周转率$$

$$ROE = \frac{净利润}{权益} = \frac{净利润}{总资产} \times \frac{总资产}{权益}$$

$$= 总资产净利率 \times \frac{1}{1-资产负债率}$$

负债经营合理吗？

任务2　完成企业经营模拟沙盘第一年经营

【知识目标】
※掌握模拟公司的运营流程，运用各种方法，进行模拟公司第一年的运营。
【能力目标】
※能掌握企业经营中开源节流、负债经营等方法。
【任务分析】
※完成企业沙盘第一年的经营。
【实训时间】
※实训时间：2.5学时。

【实训指导】

实训项目单（2-2）

所属系部：				编制人：		编制日期：	年 月 日	
课程名称	企业管理沙盘	项目名称	企业经营模拟手工沙盘第一年的经营	任务名称	完成企业经营模拟手工沙盘第一年经营	任务编号	2-2	
实训对象		实训地点		实训学时	2.5	参考教材		
实训目的	掌握模拟公司的运营流程，运用各种方法，进行模拟公司第一年的运营 能掌握企业经营中开源节流、负债经营等方法							

内容（实训设备与工具、方法、步骤、要求或考核标准等）
一、实训设备与工具准备
参考资料与耗材准备：
1. 教材
2. 企业经营报表
3. 用友 ERP 手工沙盘；沙盘课程工具 V41
二、教学组织要求（编组要求、指导教师数及指导要求等）
1. 6~7 位同学编为一个学习小组
2. 小组人员各施其责
3. 责任明确，分工与合作相结合
三、实训内容与步骤
（一）实训内容
1. 根据提供数据进行市场预测
2. 运用各种方法进行企业决策
3. 根据规则进行模拟公司第一年的运营
（二）步骤
1. 老师运用"沙盘课程工具 V41" Excel 表格进行第一年的广告费登记和组织订单选择
2. 学生分组进行模拟公司的第一年运营，老师分组进行过程指导，解决遇到的问题
3. 学生经营完成后填写好经营报表，老师在"沙盘课程工具 V41" Excel 文件中录入相关的报表
4. 老师分析各组第一年的经营情况
四、考核标准
1. 按实训有关考核项目进行过程考核 60%，结果考核 40%
2. 小组成员自评实训成绩
3. 老师综合考评

CEO 总经理经营表格（第 一 年）

序号	企业经营流程 请按顺序执行下列各项操作。	空格内：填经营过程中收入、支出（红色）的金额数字 其他填符号：√——已进行了的工作　×——未进行的工作				
1	新年度规划会议					
2	参加订货会/登记销售订单（填当年广告费数额并从现金支付）					
3	制订新年度计划					
4	支付应付税金（填写上年应付税金数额并从现金支付）					
5	申请长期贷款/更新长期贷款/还本/支付长期贷款利息					
6	季初现金盘点（余额 = 去年现金 − 广告费 − 税金 ± 长贷本息）					
7	申请短期贷款/更新短期贷款/还本付息					
8	原材料入库/更新原料订单/原材料紧急采购（填写买原料金额数）					

续表

序号	企业经营流程 请按顺序执行下列各项操作。	空格内：填经营过程中收入、支出（红色）的金额数字 其他填符号：√——已进行了的工作　×——未进行的工作				
9	更新生产/完工入库（生产线在制品向下一季度移动，下线成品入库）					
10	开始下一批生产（向空生产线上产品原料，并记录投入的加工费）					
11	下原料订单（用空桶放在需买原料的订单提前期Q处）					
12	投资新生产线/变卖生产线/生产线转产（记录投入金额数）					
13	更新应收款/应收款收现（移动应收款/记录到期应收款数额）					
14	出售厂房（出售厂房的资金放到应收款的四期4Q处）					
15	向其他企业购买成品/出售成品（记录买/卖成交的实际价格）					
16	按订单交货（根据库存与订单把产品卖到老师处，0期写金额）					
17	产品研发投资（记录投资开发P2/P3/P4投入的金额）					
18	支付行政管理费（每季度1M）					
19	其他现金收支情况登记（未交订单总金额20%的罚款/贴息记于此）					
20	支付设备维护费（每条生产线1M/年）					
21	支付厂房租金/购买厂房					
22	计提折旧（每条生产线购买价1/5，剩到残值时停止提取）					( ) 0
23	新市场开拓（记录投资本地/区域/国内/亚洲/国际市场金额）					
24	ISO资格认证投资（记录投资开发ISO9000/ISO14000的金额）					
25	结账（本栏内空格打√，说明已进行了年终算账）					
26	本季现金收入合计（第1季度不含广告、税金、长期贷款数）					
27	本季现金支出合计（注：折旧不计入第4季度现金支出）					
28	期末现金对账（填写余额，与盘面余额一致）					

销售经理经营表格（第　一　年）

1. 订单登记表序号

序号	订单号								
1	市场								
2	产品								
3	数量								
4	账期Q								
5	销售额								
6	成本								
7	毛利								
8	未售								

注：毛利 = 销售额 - 成本。单位产品成本：P1 = 2，P2 = 3，P3 = 4，P4 = 5。

2. 产品核算统计表

序号	产品	P1	P2	P3	P4	合计
1	数量					
2	销售额					
3	成本					
4	毛利					

注：毛利 = 销售额 – 成本。单位产品成本：P1 = 2，P2 = 3，P3 = 4，P4 = 5。

3. 销售经理经营情况表

	产品	P1	P2	P3	P4	合计	产品开发	1Q	2Q	3Q	4Q	合计
接单能力（个）	期初库存						P1 费用					
	在制品						P2 费用					
	生产能力						P3 费用					
	小计						P4 费用					

								本地		ISO9000	
广告投入金额（年）	本地						市场开发费用（年）	区域		质量认证开发费用（年）	
	区域							国内			
	国内							亚洲			ISO14000
	亚洲							国际			
	国际							小计			
	小计										

	可接产品						向其他企业购买/出售产品记录（±）
竞单记录（个）	计划/实际	计	实	计	实	计	实	计	实	实际	产品	第 季度Q	第 季度Q	合计
												数量	金额	数量	金额	数量	金额
	本地																
	区域											P1					
	国内											P2					
	亚洲											P3					
	国际											P4					
	小计											小计					

	1/2 季度	库存	入库	出售	结存	1 季销售额	库存	入库	出售	结存	第2季度销售额
季末产品入库及销售记录（个）	P1										
	P2										
	P3										
	P4										
	合计										

	3/4 季度	库存	入库	出售	结存	3 季销售额	库存	入库	出售	结存	第4季度销售额
本年销售总额（ ）	P1										
	P2										
	P3										
	P4										
	合计										

续表

	产品	P1	P2	P3	P4	合计	1. 库存：仓库年底未销售的所余产品。
年底盘存明年销售数量测算	库存						2. 在制品：生产线上的产品。
	在制品						3. 生产能力：扣除生产线已有的产品，还能生产产品的数量。
	生产能力						4. 广告投标时，请仔细参考市场预测图。
	合计						

财务总监经营表格

1. 现金收支记录表（第一年）

序号	季度Q			1		2		3		4	
	项目			收/支	结存	收/支	结存	收/支	结存	收/支	结存
1	期初库存现金										
2	本年市场广告投入										
3	支付上年应交税金										
4	（更新长期贷款）填金额			FY1（　）		FY2（　）		FY3（　）		FY4（　）	FY5（　）
5	申请/归还长期贷款										
6	支付长期贷款利息										
7	季初现金盘点										
8	申请/归还短期贷款										
9	支付短期贷款利息										
10	（更新短期贷款）填金额	季度Q	1	2	3	4	1	2	3	4	1	2	3	4	1	2	3	4
		金额																
11	原料采购支付现金										
12	开始下一批生产加工费										
13	生产线投资/卖生产线										
14	生产线转产费用										
15	（更新应收款）填移动金额数	季度Q	1	2	3	4	1	2	3	4	1	2	3	4	1	2	3	4
		金额																
16	应收款收现（写移出数）										
17	出售厂房										
18	向其他企业买/卖产品										
19	支付产品研发投资										
20	支付管理费用										
21	贴现现金收现										
22	贴息利息										
23	其他收支（订单罚款20%）										
24	支付设备维护费用										
25	支付厂房租金										
26	购买新厂房										
27	计提折旧									（　）
28	市场开拓投资										
29	ISO认证投资										

续表

30	本季现金收入合计							
31	本季现金支出合计							
32	本季结存现金余额							
33	本年销售收入：	利润：		资产：		所有者权益：		

2. 综合管理费用明细表（第一年）　　　　　　　　　　　　　　　　　　单位：M

序号	项目	金额	备注
1	管理费		（与盘面灰币数量一致）
2	广告费		（与盘面灰币数量一致）
3	维修费		（与盘面灰币数量一致）
4	租金		（与盘面灰币数量一致）
5	转产费		（与盘面灰币数量一致）
6	市场准入开拓		□区域　　□国内　　□亚洲　　□国际
7	ISO 资格认证		ISO9000（　）　　ISO14000（　）
8	产品研发		P2（　）　P3（　）　P4（　）
9	其他		同盘面一致。向其他企业购买产品高于成本的数记于此
10	合计		(10 = 1 + 2 + 3 + 4 + 5 + 6 + 7 + 8 + 9)

注：在市场准入开拓在□内打√，每√为1M。其他在括号内填写投入金额数，产品研发如：P2（4）。

3. 利润表（第一年）

序号	项目	数据来源及计算公式	上年数	本年数
1	销售收入	见产品核算统计表		
2	减：直接成本	见产品核算统计表		
3	毛利	3 = 1 - 2		
4	减：综合费用	见综合管理费用表		
5	折旧前利润	5 = 3 - 4		
6	减：折旧	见盘面综合费用处		
7	支付利息前利润	7 = 5 - 6		
8	减：财务支出（利息）	见盘面：利息 = 利息 + 贴息		
9	减/加：其他支出/收入	根据实际记录：±		
10	税前利润	10 = 7 - 8 ± 9		
11	减：所得税（应交税金）	11 = 10 × 0.25（向下取整）		
12	净利润（年度净利）	14 = 10 - 11		

注：1. 其他收入/支出：向其他企业卖/买产品，高于成本的数记于此。
2. 税前利润为负数时不计所得税，下表中"所有者权益合计"未达到66时也不计算所得税。

4. 资产负债表（第一年）

资产	期初数	期末数	负债和所有者权益	期初数	期末数
流动资产：			负债：		
1. 现金			1. 长期负债		
2. 应收款			2. 短期负债		

续表

资产	期初数	期末数	负债和所有者权益	期初数	期末数
3. 在制品			3. 应付账款		
4. 成品			4. 应交税金		
5. 原料			5. 一年内到期的长期负债		
6. 流动资产合计			6. 负债合计		
固定资产：	/	/	所有者权益：	/	/
7. 土地和建筑			7. 股东资本	50	50
8. 机器与设备			8. 利润留存（上年 8 + 9）		
9. 在建工程			9. 年度净利		
10. 固定资产合计			10. 所有者权益合计		
11. 资产总计			11. 负债和所有者权益总计		

注：1. 应交税金 = 利润表（上表）所得税；2. 当年利润留存 = 上年利润留存 + 上年年度净利；3. 年度净利 = 利润表（上表）净利润。

生产经理经营情况表（第一年）

1	季度 Q			一季度 1Q				二季度 2Q				三季度 3Q				四季度 4Q			
2	季初生产线上在制品盘点（个）			P1	P2	P3	P4	P1	P2	P3	P4	P1	P2	P3	P4	P1	P2	P3	P4
3	季初库存原材料盘点（个）			R1	R2	R3	R4	R1	R2	R3	R4	R1	R2	R3	R4	R1	R2	R3	R4
4	本季原材料入库（个）购买数量																		
5	紧急采购/个（价格：1×2）																		
6	更新原料订单：个/移动 R3, R4 空桶																		
7	更新生产/完工产品入库 移动生产线上的产品，生产线类型：手、半、全、柔；空格内写产品如 P1，并填入 P1 在生产线所处的季度 Q 的位置。季末状态	线号	类型	1Q	2Q	3Q		1Q	2Q	3Q		1Q	2Q	3Q		1Q	2Q	3Q	
		1	手																
		2	手																
		3	手																
		4	半																
		5																	
		6																	
		7																	
		8																	
		9																	
		10																	
8	开始下一批生产	产品		P1	P2	P3	P4	P1	P2	P3	P4	P1	P2	P3	P4	P1	P2	P3	P4
		上线产品（个）																		
		加工费（个）																		
9	下原料订单（个/放置空桶）	原料		R1	R2	R3	R4	R1	R2	R3	R4	R1	R2	R3	R4	R1	R2	R3	R4
		订购数量（个）																		
10	本季下线成品	产品		P1	P2	P3	P4	P1	P2	P3	P4	P1	P2	P3	P4	P1	P2	P3	P4
		数量（个）																		

续表

11	本季末生产线上在制品（个）																
12	新建/在建/转产/变卖生产线（填金额数；投产转记到第7栏）季末状态	线号	类型	1Q	2Q	3Q	4Q	1Q	2Q	3Q	4Q	1Q	2Q	3Q	4Q	1Q	2Q	3Q	4Q
13	测算明年生产线生产能力（个）		扣除在制品数	P1：　个			P2：　个			P3：　个 P4：　个							
14	季末原料结存	原料	R1	R2	R3	R4	R1	R2	R3	R4	R1	R2	R3	R4	R1	R2	R3	R4
		数量（个）																
15	季末原材料订单结存空桶数	位置：3Q,2Q,1Q																
		数量（个）																
16	支付设备维护费（年底支付）	生产线编号	1	2	3	4	5	6	7	8	9	10	合计	折旧费提取
		维修费（个）												手1M/年 半2M/年
17	生产线计提折旧（年末）	提取金额（个）									（　）			全3M/年 柔4M/年
		生产线余净值									（　）			提到残值数停提取

供应经理经营情况表（第一年）

1	季度Q			一季度1Q				二季度2Q				三季度3Q				四季度4Q			
2	季初盘点	产品		P1	P2	P3	P4	P1	P2	P3	P4	P1	P2	P3	P4	P1	P2	P3	P4
		库存	数量（个）																
3		在制品	数量（个）																
4		原材料	原料	R1	R2	R3	R4	R1	R2	R3	R4	R1	R2	R3	R4	R1	R2	R3	R4
			数量（个）																
5	原材料入库（个）																		
6	紧急采购/个（价格：1×2）																		
7	更新原料订单：个/移动R3，R4空桶																		
8	更新生产/完工产品入库 移动生产线上的产品，生产线类型有：手、半、全、柔；空格内写产品如P1，并填入P1在生产线所处的季度Q时间的位置。季末状态	线号	类型	1Q	2Q	3Q	1Q	2Q	3Q	1Q	2Q	3Q	1Q	2Q	3Q				
		1																	
		2																	
		3																	
		4																	
		5																	
		6																	
		7																	
		8																	
		9																	
		10																	
9	入库产品	产品		P1	P2	P3	P4	P1	P2	P3	P4	P1	P2	P3	P4	P1	P2	P3	P4
		数量（个）																	

续表

10	开始下一批生产	数量（个）															
		加工费（金额）															
11	空余生产线数量、线号		条： 号：				条： 号：				条： 号：				条： 号：			
12	下原料订单提前放空桶	原料	R1	R2	R3	R4	R1	R2	R3	R4	R1	R2	R3	R4	R1	R2	R3	R4
		订货数量（个）																
13	原料订货总数（含途中订单处）																	
14	季末原料 盘存（个）	季初库存																
15		本季入库																
16		原料上线																
17		季末库存																
18	季末产品 盘存（个）	产品	P1	P2	P3	P4	P1	P2	P3	P4	P1	P2	P3	P4	P1	P2	P3	P4
19		季初库存																
20		在制品																
21		成品入库																
22		成品出库																
23		季末库存																
24	单位产品原料构成规则（个）		P1：R1				P2：R2＋R3				P3：R1＋R3＋R4				P4：R2＋R3＋2R4			
25	原料提前订货期规则（季度）		P1：1Q				P2：1Q				P3：2Q				P4：2Q			

项目三　企业经营模拟沙盘第二年经营

任务1　第二年的经营环境情况分析

【知识目标】
※掌握企业经营模拟手工沙盘第二年的经营环境情况。
【能力目标】
※能根据企业第二年的经营环境情况对第二年的经营做出规划。
【任务分析】
※对模拟企业第二年的经营环境情况进行分析。
【实训时间】
※实训时间：0.5学时。
【实训指导】

实训项目单（3-1）

所属系部：			编制人：		编制日期：	年　月　日	
课程名称	企业管理沙盘	项目名称	企业经营模拟手工沙盘第二年的经营	任务名称	第二年的经营环境情况分析	任务编号	3-1
实训对象		实训地点		实训学时	0.5	参考教材	
实训目的	掌握模拟企业第二年的经营环境情况 能根据企业第二年的经营环境情况对第二年的经营做出规划							
内容（实训设备与工具、方法、步骤、要求或考核标准等） 一、实训设备与工具准备 参考资料与耗材准备： 1. 教材 2. 企业经营表格 二、教学组织要求（编组要求、指导教师数及指导要求等） 1. 6~7位同学编为一个学习小组 2. 小组人员各施其责 3. 责任明确，分工与合作相结合 三、实训内容与步骤 （一）实训内容 对模拟企业第二年的经营环境情况进行分析 （二）步骤 1. 老师讲授第二年的经营环境情况 2. 学生分组召开年度规划会议进行讨论，对第二年的经营做出规划 四、考核标准 1. 按实训有关考核项目进行过程考核60%，结果考核40% 2. 小组成员自评实训成绩 3. 老师综合考评							

第二年　理性思考

1. 配称均衡——经营规划的功能

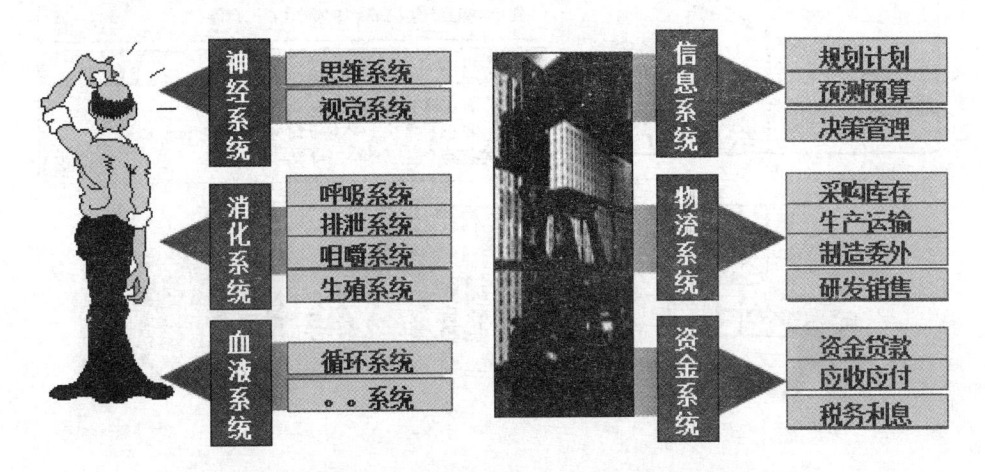

神经系统	思维系统 / 视觉系统
消化系统	呼吸系统 / 排泄系统 / 咀嚼系统 / 生殖系统
血液系统	循环系统 / 。。系统

信息系统	规划计划 / 预测预算 / 决策管理
物流系统	采购库存 / 生产运输 / 制造委外 / 研发销售
资金系统	资金贷款 / 应收应付 / 税务利息

所谓规划，就是在企业的各项运作活动之间建立一种配称。

哈佛大学商学院研究院教授　迈克尔·波特

2. 数字说话——经营规划的方法

年初经营会议上需要考虑的因素

1. 企业想进入哪些市场？
2. 企业想开发哪些产品？
3. 企业想投资什么样的生产线？
4. 企业是否需要进行ISO认证？
5. 企业的融资策略是什么？
6. 企业今年的市场投入（广告）策略是什么？

你会用数字说话吗？

分析市场 → 确认产品 → 量化目标 → 筹资规模 → 筹资方案 → 预算控制 → 目标运作 → 目标评价 → 财务运作

3. 经营决策——产品营利性分析

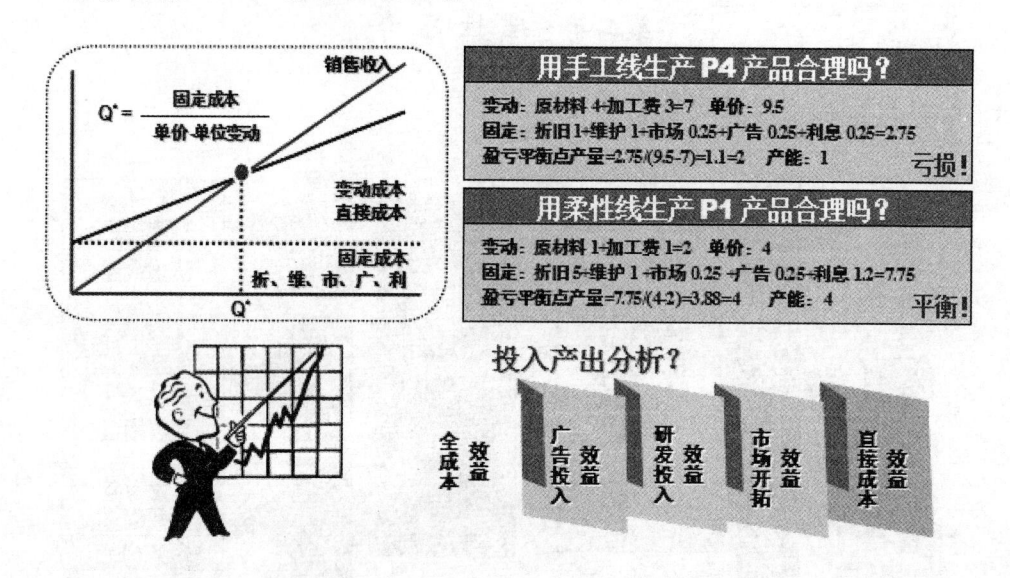

用手工线生产 P4 产品合理吗?
变动: 原材料 4+加工费 3=7 单价: 9.5
固定: 折旧 1+维护 1+市场 0.25+广告 0.25+利息 0.25=2.75
盈亏平衡点产量=2.75/(9.5-7)=1.1=2 产能: 1 亏损!

用柔性线生产 P1 产品合理吗?
变动: 原材料 1+加工费 1=2 单价: 4
固定: 折旧 5+维护 1+市场 0.25+广告 0.25+利息 1.2=7.75
盈亏平衡点产量=7.75/(4-2)=3.88=4 产能: 4 平衡!

投入产出分析?

4. 系统思考——经营规划的调整

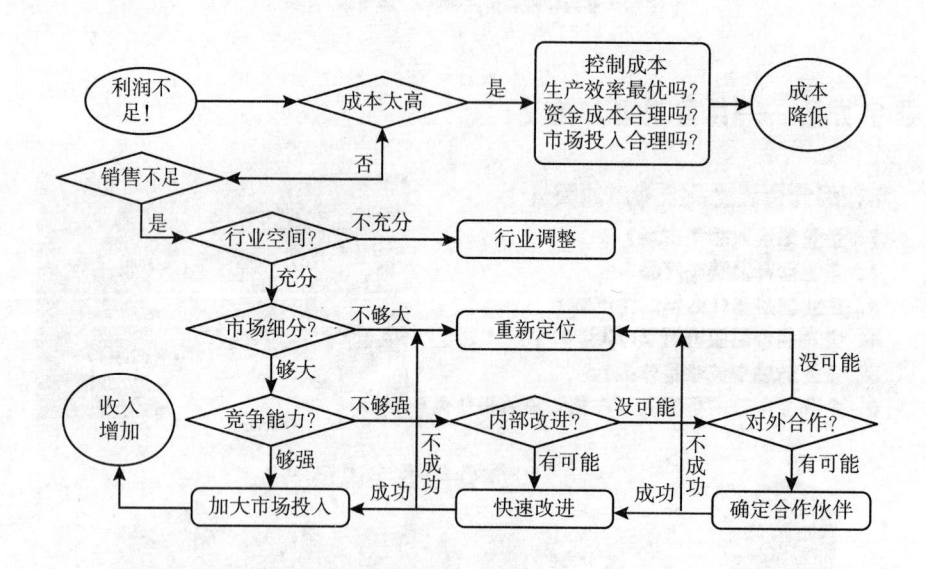

任务 2　完成企业经营模拟沙盘第二年经营

【知识目标】
※掌握模拟公司的运营流程,运用各种方法,进行模拟公司第二年的运营。
【能力目标】
※能掌握企业经营中经营规划的方法。

【任务分析】

※完成企业沙盘第二年的经营。

【实训时间】

※实训时间：2.5 学时。

【实训指导】

实训项目单（3-2）

所属系部：			编制人：		编制日期：	年 月 日	
课程名称	企业管理沙盘	项目名称	企业经营模拟手工沙盘第二年的经营	任务名称	完成企业经营模拟手工沙盘第二年经营	任务编号	3-2
实训对象		实训地点		实训学时	2.5	参考教材	
实训目的	掌握模拟公司的运营流程，运用各种方法，进行模拟公司第二年的运营 能掌握企业经营中经营规划的方法							
内容（实训设备与工具、方法、步骤、要求或考核标准等） 一、实训设备与工具准备 参考资料与耗材准备： 1. 教材 2. 企业经营报表 3. 用友 ERP 手工沙盘；沙盘课程工具 V41 二、教学组织要求（编组要求、指导教师数及指导要求等） 1. 6~7 位同学编为一个学习小组 2. 小组人员各施其责 3. 责任明确，分工与合作相结合 三、实训内容与步骤 （一）实训内容 1. 根据提供数据进行市场预测 2. 运用各种方法进行企业决策 3. 根据规则进行模拟公司第二年的运营 （二）步骤 1. 老师运用"沙盘课程工具 V41" Excel 表格进行第一年的广告费登记和组织订单选择 2. 学生分组进行模拟公司的第二年运营，老师分组进行过程指导，解决遇到的问题 3. 学生经营完成后填写好经营报表，老师检查，在"沙盘课程工具 V41" Excel 文件中录入相关的报表 4. 老师分析各组第二年的经营情况 四、考核标准 1. 按实训有关考核项目进行过程考核60%，结果考核40% 2. 小组成员自评实训成绩 3. 老师综合考评							

CEO 总经理经营表格
（第 二 年）

序号	企业经营流程 请按顺序执行下列各项操作。	空格内：填经营过程中收入、支出（红色）的金额数字 其他填符号：√——已进行了的工作　×——未进行的工作			
1	新年度规划会议				
2	参加订货会/登记销售订单（填当年广告费数额并从现金支付）				
3	制订新年度计划				

续表

序号	企业经营流程 请按顺序执行下列各项操作。	空格内：填经营过程中收入、支出（红色）的金额数字 其他填符号：√——已进行了的工作 ×——未进行的工作							
4	支付应付税金（填写上年应付税金数额并从现金支付）								
5	申请长期贷款/更新长期贷款/还本/支付长期贷款利息								
6	季初现金盘点（余额 = 去年现金 − 广告费 − 税金 ± 长贷本息）								
7	申请短期贷款/更新短期贷款/还本付息								
8	原材料入库/更新原料订单/原材料紧急采购（填写买原料金额数）								
9	更新生产/完工入库（生产线在制品向下一季度移动，下线成品入库）								
10	开始下一批生产（向空生产线上产品原料，并记录投入的加工费）								
11	下原料订单（用空桶放在需买原料的订单提前期 Q 处）								
12	投资新生产线/变卖生产线/生产线转产（记录投入金额数）								
13	更新应收款/应收款收现（移动应收款/记录到期应收款数额）								
14	出售厂房（出售厂房的资金放到应收款的四期 4Q 处）								
15	向其他企业购买成品/出售成品（记录买/卖成交的实际价格）								
16	按订单交货（根据库存与订单把产品卖到老师处，0 期写金额）								
17	产品研发投资（记录投资开发 P2/P3/P4 投入的金额）								
18	支付行政管理费（每季度 1M）								
19	其他现金收支情况登记（未交订单总金额 20% 的罚款/贴息记于此）								
20	支付设备维护费（每条生产线 1M/年）								
21	支付厂房租金/购买厂房								
22	计提折旧（每条生产线购买价 1/5，剩到残值时停止提取）							( ) 0	
23	新市场开拓（记录投资本地/区域/国内/亚洲/国际市场金额）								
24	ISO 资格认证投资（记录投资开发 ISO9000/ISO14000 的金额）								
25	结账（本栏内空格打√，说明已进行了年终算账）								
26	本季现金收入合计（第 1 季度不含广告、税金、长期贷款数）								
27	本季现金支出合计（注：折旧不计入第 4 季度现金支出）								
28	期末现金对账（填写余额，与盘面余额一致）								

销售经理经营表格
（第 二 年）

1. 订单登记表序号

序号	订单号											
1	市场											
2	产品											
3	数量											
4	账期 Q											
5	销售额											
6	成本											
7	毛利											
8	未售											

注：毛利 = 销售额 − 成本。单位产品成本：P1 = 2，P2 = 3，P3 = 4，P4 = 5。

2. 产品核算统计表

序号	产品	P1	P2	P3	P4	合计
1	数量					
2	销售额					
3	成本					
4	毛利					

注：毛利 = 销售额 - 成本。单位产品成本：P1 = 2，P2 = 3，P3 = 4，P4 = 5。

3. 销售经理经营情况表

	产品	P1	P2	P3	P4	合计	产品开发	1Q	2Q	3Q	4Q	合计
接单能力(个)	期初库存						P1 费用					
	在制品						P2 费用					
	生产能力						P3 费用					
	小计						P4 费用					

											本地		ISO9000	
广告投入金额(年)	本地						市场开发费用(年)	区域		质量认证开发费用(年)		
	区域							国内				
	国内							亚洲			ISO14000	
	亚洲							国际				
	国际							小计				
	小计											

	可接产品							向其他企业购买/出售产品记录（±）					
	计划/实际	计	实	计	实	计	实	计	实	实际	产品	第 季度 Q	第 季度 Q	合计
竞单记录(个)	本地											数量	金额	数量	金额	数量	金额
	区域										P1						
	国内										P2						
	亚洲										P3						
	国际										P4						
	小计										小计						

	1/2 季度	库存	入库	出售	结存	1 季销售额	库存	入库	出售	结存	第2季度销售额
季末产品入库及销售记录(个)	P1										
	P2										
	P3										
	P4										
	合计										
	3/4 季度	库存	入库	出售	结存	3 季销售额	库存	入库	出售	结存	第4季度销售额
本年销售总额( )	P1										
	P2										
	P3										
	P4										
	合计										

续表

年底盘存明年销售数量测算	产品	P1	P2	P3	P4	合计	1. 库存：仓库年底未销售的所余产品。 2. 在制品：生产线上的产品。 3. 生产能力：扣除生产线已有的产品，还能生产产品的数量。 4. 广告投标时，请仔细参考市场预测图。
	库存						
	在制品						
	生产能力						
	合计						

财务总监经营表格

1. 现金收支记录表（第二年）

序号	季度 Q / 项目	1 收/支	1 结存	2 收/支	2 结存	3 收/支	3 结存	4 收/支	4 结存
1	期初库存现金								
2	本年市场广告投入								
3	支付上年应交税金								
4	（更新长期贷款）填金额	FY1（　）	FY2（　）		FY3（　）		FY4（　）		FY5（　）
5	申请/归还长期贷款								
6	支付长期贷款利息								
7	季初现金盘点								
8	申请/归还短期贷款								
9	支付短期贷款利息								
10	（更新短期贷款）填金额 季度Q / 金额	1 2 3 4		1 2 3 4		1 2 3 4		1 2 3 4	
11	原料采购支付现金								
12	开始下一批生产加工费								
13	生产线投资/卖生产线								
14	生产线转产费用								
15	（更新应收款）填移动金额数 季度Q / 金额	1 2 3 4		1 2 3 4		1 2 3 4		1 2 3 4	
16	应收款收现（写移出数）								
17	出售厂房								
18	向其他企业买/卖产品								
19	支付产品研发投资								
20	支付管理费用								
21	贴现现金收现								
22	贴息利息								
23	其他收支（订单罚款20%）								
24	支付设备维护费用								
25	支付厂房租金								
26	购买新厂房								
27	计提折旧							（　）	
28	市场开拓投资								
29	ISO认证投资								

续表

序号	季度 Q 项目	1 收/支	结存	2 收/支	结存	3 收/支	结存	4 收/支	结存
30	本季现金收入合计								
31	本季现金支出合计								
32	本季结存现金余额								
33	本年销售收入： 利润： 资产： 所有者权益：								

2. 综合管理费用明细表（第二年）　　　　　　　　　　　　　单位：M

序号	项目	金额	备注
1	管理费		（与盘面灰币数量一致）
2	广告费		（与盘面灰币数量一致）
3	维修费		（与盘面灰币数量一致）
4	租金		（与盘面灰币数量一致）
5	转产费		（与盘面灰币数量一致）
6	市场准入开拓		□区域　　□国内　　□亚洲　　□国际
7	ISO 资格认证		ISO9000（　　）　　ISO14000（　　）
8	产品研发		P2（　）　P3（　）　P4（　）
9	其他		同盘面一致。向其他企业购买产品高于成本的数记于此
10	合计		(10 = 1 + 2 + 3 + 4 + 5 + 6 + 7 + 8 + 9)

注：在市场准入开拓在□内打√，每√为1M。其他在括号内填写投入金额数，产品研发如：P2 (4)。

3. 利润表（第二年）

序号	项目	数据来源及计算公式	上年数	本年数
1	销售收入	见产品核算统计表		
2	减：直接成本	见产品核算统计表		
3	毛利	3 = 1 - 2		
4	减：综合费用	见综合管理费用表		
5	折旧前利润	5 = 3 - 4		
6	减：折旧	见盘面综合费用处		
7	支付利息前利润	7 = 5 - 6		
8	减：财务支出（利息）	见盘面：利息 = 利息 + 贴息		
9	减/加：其他支出/收入	根据实际记录：±		
10	税前利润	10 = 7 - 8 ± 9		
11	减：所得税（应交税金）	11 = 10 × 0.25（向下取整）		
12	净利润（年度净利）	14 = 10 - 11		

注：1. 其他收入/支出：向其他企业卖/买产品，高于成本的数记于此。
2. 税前利润为负数时不计所得税，下表中"所有者权益合计"未达到66时也不计算所得税。

4. 资产负债表（第二年）

资产	期初数	期末数	负债和所有者权益	期初数	期末数
流动资产：			负债：		
1. 现金			1. 长期负债		
2. 应收款			2. 短期负债		
3. 在制品			3. 应付账款		
4. 成品			4. 应交税金		
5. 原料			5. 一年内到期的长期负债		
6. 流动资产合计			6. 负债合计		
固定资产：			所有者权益：		
7. 土地和建筑			7. 股东资本		
8. 机器与设备			8. 利润留存（上年8＋9）		
9. 在建工程			9. 年度净利		
10. 固定资产合计			10. 所有者权益合计		
11. 资产总计			11. 负债和所有者权益总计		

注：1. 应交税金＝利润表（上表）所得税；2. 当年利润留存＝上年利润留存＋上年年度净利；3. 年度净利＝利润表（上表）净利润。

生产经理经营情况表（第二年）

1	季度 Q	一季度 1Q				二季度 2Q				三季度 3Q				四季度 4Q			
2	季初生产线上在制品盘点（个）	P1	P2	P3	P4	P1	P2	P3	P4	P1	P2	P3	P4	P1	P2	P3	P4
3	季初库存原材料盘点（个）	R1	R2	R3	R4	R1	R2	R3	R4	R1	R2	R3	R4	R1	R2	R3	R4
4	本季原材料入库（个）购买数量																
5	紧急采购/个（价格：1×2）																
6	更新原料订单：个/移动R3，R4空桶																
7	更新生产/完工产品入库移动生产线上的产品，生产线类型：手、半、全、柔；空格内写产品如P1，并填入P1在生产线所处的季度Q的位置。季末状态	线号	类型	1Q	2Q	3Q	1Q	2Q	3Q	1Q	2Q	3Q	1Q	2Q	3Q			
		1	手														
		2	手														
		3	手														
		4	半														
		5															
		6															
		7															
		8															
		9															
		10															
8	开始下一批生产	产品	P1	P2	P3	P4	P1	P2	P3	P4	P1	P2	P3	P4	P1	P2	P3	P4
		上线产品（个）																
		加工费（个）																

续表

9	下原料订单（个/放置空桶）	原料	R1	R2	R3	R4	R1	R2	R3	R4	R1	R2	R3	R4	R1	R2	R3	R4
		订购数量（个）																
10	本季下线成品	产品	P1	P2	P3	P4	P1	P2	P3	P4	P1	P2	P3	P4	P1	P2	P3	P4
		数量（个）																
11	本季末生产线上在制品（个）																		
		线号	类型	1Q	2Q	3Q	4Q	1Q	2Q	3Q	4Q	1Q	2Q	3Q	4Q	1Q	2Q	3Q	4Q
12	新建/在建/转产/变卖生产线（填金额数；投产转记到第7栏）季末状态																		
13	测算明年生产线生产能力（个）	扣除在制品数		P1：个				P2：个				P3：个 P4：个							
14	季末原料结存	原料	R1	R2	R3	R4	R1	R2	R3	R4	R1	R2	R3	R4	R1	R2	R3	R4
		数量（个）																	
15	季末原材料订单结存空桶数	位置：3Q, 2Q, 1Q																	
		数量（个）																	
16	支付设备维护费（年底支付）	生产线编号	1	2	3	4	5	6	7	8	9	10	合计		折旧费提取			
		维修费（个）													手1M/年半2M/年			
17	生产线计提折旧（年末）	提取金额（个）											（ ）		全3M/年柔4M/年			
		生产线余净值											（ ）		提到残值数停提取			

供应经理经营情况表（第二年）

1	季度Q			一季度1Q			二季度2Q			三季度3Q			四季度4Q		
				P1	P2	P3	P4	P1	P2	P3	P4	P1	P2	P3	P4	
2	季初盘点	库存	产品	P1	P2	P3	P4	P1	P2	P3	P4	P1	P2	P3	P4
			数量（个）												
3		在制品	数量（个）												
4		原材料	原料	R1	R2	R3	R4	R1	R2	R3	R4	R1	R2	R3	R4
			数量（个）												
5	原材料入库（个）														
6	紧急采购/个（价格：1×2）														
7	更新原料订单：个/移动R3，R4空桶														
8	更新生产/完工产品入库 移动生产线上的产品，生产线类型有：手、半、全、柔；空格内写产品如P1，并填入P1在生产线所处的季度Q时间的位置。季末状态	线号	类型	1Q	2Q	3Q	1Q	2Q	3Q	1Q	2Q	3Q	1Q	2Q	3Q	
		1													
		2													
		3													
		4													
		5													
		6													
		7													
		8													
		9													
		10													

续表

9	入库产品	产品	P1	P2	P3	P4	P1	P2	P3	P4	P1	P2	P3	P4	P1	P2	P3	P4
		数量（个）																
10	开始下一批生产	数量（个）																
		加工费（金额）																
11	空余生产线数量、线号		条： 号：				条： 号：				条： 号：				条： 号：			
12	下原料订单提前放空桶	原料	R1	R2	R3	R4	R1	R2	R3	R4	R1	R2	R3	R4	R1	R2	R3	R4
		订货数量（个）																
13	原料订货总数（含途中订单处）																	
14	季末原料盘存（个）	季初库存																
15		本季入库																
16		原料上线																
17		季末库存																
18	季末产品盘存（个）	产品	P1	P2	P3	P4	P1	P2	P3	P4	P1	P2	P3	P4	P1	P2	P3	P4
19		季初库存																
20		在制品																
21		成品入库																
22		成品出库																
23		季末库存																
24	单位产品原料构成规则（个）		P1：R1				P2：R2＋R3				P3：R1＋R3＋R4				P4：R2＋R3＋2R4			
25	原料提前订货期规则（季度）		P1：1Q				P2：1Q				P3：2Q				P4：2Q			

项目四　企业经营模拟沙盘第三年经营

任务1　第三年的经营环境情况分析

【知识目标】
※掌握企业经营模拟手工沙盘第三年的经营环境情况。
【能力目标】
※能根据企业第三年的经营环境情况对第三年的经营做出规划。
【任务分析】
※对模拟企业第三年的经营环境情况进行分析。
【实训时间】
※实训时间：0.5学时。
【实训指导】

实训项目单（4-1）

| 所属系部： | | 编制人： | | 编制日期： | 年　月　日 |

课程名称	企业管理沙盘	项目名称	企业经营模拟手工沙盘第三年的经营	任务名称	第三年的经营环境情况分析	任务编号	4-1
实训对象		实训地点		实训学时	0.5	参考教材	
实训目的	掌握模拟企业第三年的经营环境情况 能根据企业第三年的经营环境情况对第三年的经营做出规划							
内容（实训设备与工具、方法、步骤、要求或考核标准等） 一、实训设备与工具准备 参考资料与耗材准备： 1. 教材 2. 企业经营表格 二、教学组织要求（编组要求、指导教师数及指导要求等） 1. 6~7位同学编为一个学习小组 2. 小组人员各施其责 3. 责任明确，分工与合作相结合 三、实训内容与步骤 （一）实训内容 对模拟企业第三年的经营环境情况进行分析 （二）步骤 1. 老师讲授第三年的经营环境情况 2. 学生分组召开年度规划会议进行讨论，对第三年的经营做出规划 四、考核标准 1. 按实训有关考核项目进行过程考核60%，结果考核40% 2. 小组成员自评实训成绩 3. 老师综合考评							

第三年 科学管理

1. 管理的科学性

管理的科学性与艺术性

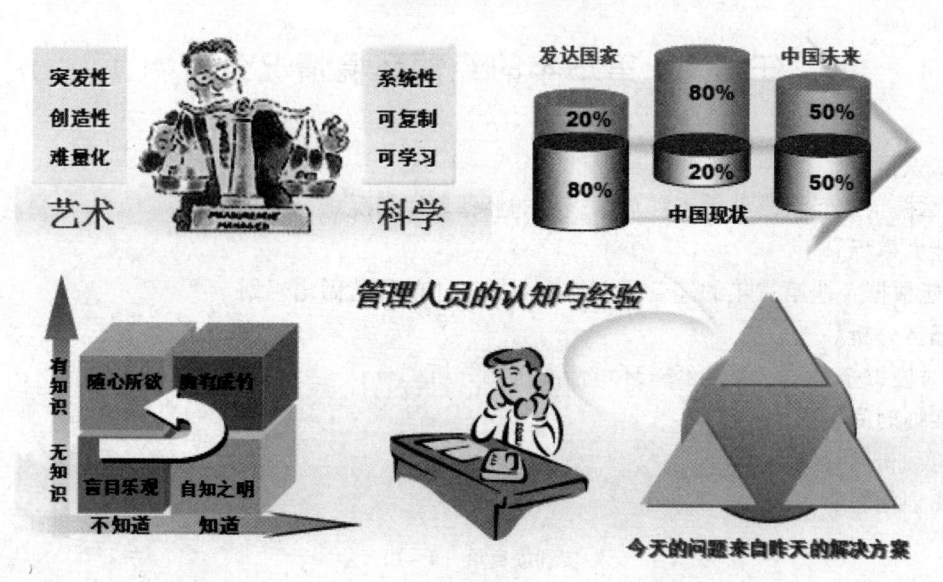

突发性
创造性
难量化
艺术

系统性
可复制
可学习
科学

发达国家 20% / 80%
80% / 20%
中国未来 50% / 50%
中国现状

管理人员的认知与经验

	不知道	知道
有知识	随心所欲	贵有成竹
无知识	盲目乐观	自知之明

今天的问题来自昨天的解决方案

2. 市场分析与定位

市场调研——透彻了解市场

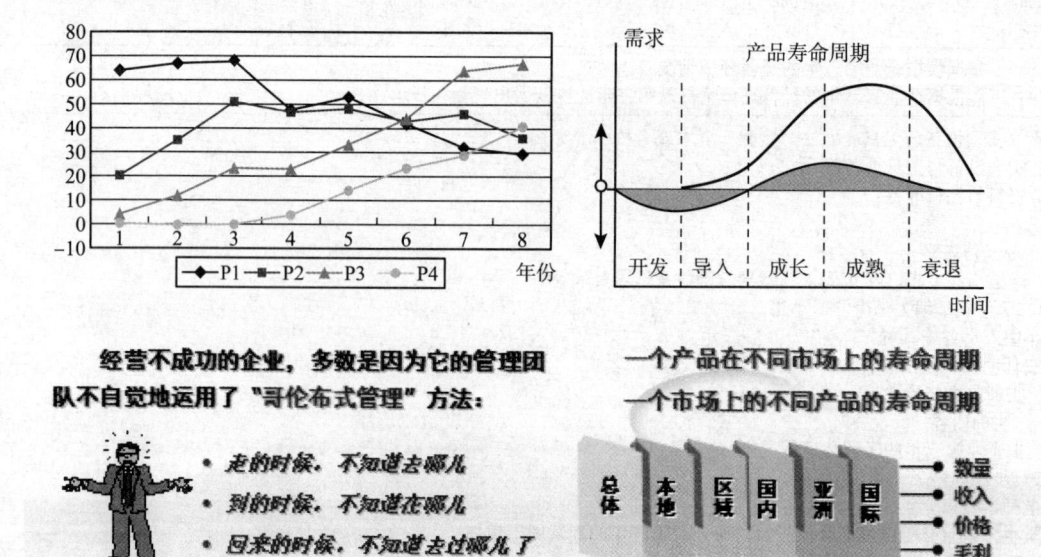

P1 P2 P3 P4 年份

需求　产品寿命周期

开发　导入　成长　成熟　衰退　时间

经营不成功的企业，多数是因为它的管理团队不自觉地运用了"哥伦布式管理"方法：
- 走的时候，不知道去哪儿
- 到的时候，不知道在哪儿
- 回来的时候，不知道去过哪儿了

一个产品在不同市场上的寿命周期
一个市场上的不同产品的寿命周期

总体　本地　区域　国内　亚洲　国际
→ 数量
→ 收入
→ 价格
→ 毛利

市场细分——目标市场的选择

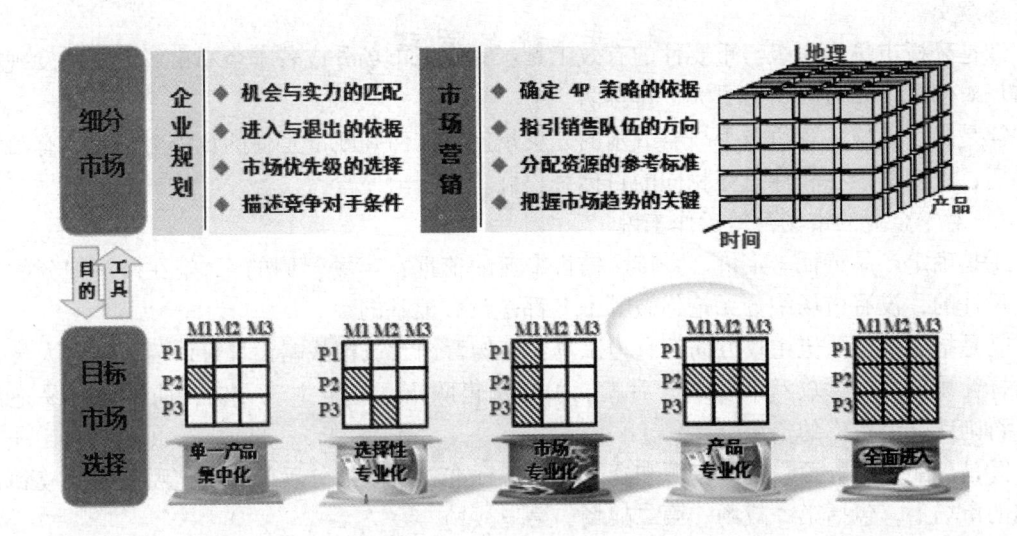

2.1 什么是市场细分？

概念非常简单：即把一个大市场分成若干个小市场。其目的是把大市场分开以后，发现某个特定的消费群体具有的类似或相同的消费特征（购买的心态、购买的方式、购买的过程），从而有针对性地向这个消费群体提供产品和服务。例如房地产行业就可以分为好多种：有刚刚买得起房子的——经济适用房；有为白领阶层既有点钱但又不太富有准备的——小康型；还有为企业的老板等比较富裕的人准备的——别墅。这些人的需求和购买的心态及过程都是不一样的，这就需要分别去了解每个市场的属性及特点，然后才能确定我这个企业应当提供什么样的产品给哪一个目标消费群体。也只有找出目标市场，才能发现谁是你的竞争对手，才能制定正确的战略与战术。

2.2 市场细分有什么作用？

可以说，市场细分在企业规划和市场营销的过程中一直扮演着至关重要的角色。具体分析如下：

1）对于企业规划来说：

①它是判断公司专长与市场机会是否匹配的前提条件，即解决实力与机会的平衡：企业通过市场调查与分析可能发现许多机会，但还需要分析自己有没有实力。机会大而实力不够会出现什么情况呢？你吃不下；如果发现机会很小而企业实力很大，你吃不饱，可能会饿死。所以为什么世界上大型企业、中型企业、小型企业各有各的活法，就是它要把握这个机会和实力的平衡。各有各的战场，各有各的地盘，大企业不能做小市场，同样小企业也不能做大市场。

②是决定进入一个新市场或退出一个老市场的依据：没有市场细分，为什么要进入这个市场，看看今天中国的很多情况，新一轮各种各样的"保暖内衣"都纷纷加入竞争，很多不同的牌子都开始做广告，我们问一问，你究竟做市场细分了吗？你的客户是哪一类的客

户？否则又会进入像 VCD 一样的重复建设、恶性竞争，交了 20 多年的学费，还没有交够，还要继续交。

③是分析市场优先级与重要性的有效工具：只有把市场分成若干个小市场后才能发现哪个市场对你来说相对吸引力更大，排排队。

④是确切地描述竞争对手战略战术的先决条件：如何判断谁是你的竞争对手，只有市场细分后，才知道谁在和你争夺相同的目标客户群。

2）对于企业的市场营销运作来说：

①是确定产品特征、定价、宣传、销售渠道的依据：市场营销的 4P 是在市场细分的基础上设计的，没有市场细分无论你做哪个 P 都是没有根基的。

②是指引销售队伍主攻方向的有力工具：市场营销人员把战略设计好以后，销售人员才有目标往哪打、往哪攻？市场细分后就能引导销售队伍，确定主攻方向，而不会轻易地乱打，否则就会浪费你的资源。

③是分配人力资源、技术资源和资金的参考标准：市场细分后就知道把哪些资源放到什么样的市场上，包括第一战场、第二战场、第三战场。

④是量化市场与用户、进行市场调查、把握市场趋势的关键。市场细分后就可以判断市场的大小及用户的满意度，指导市场调查。但很少有人把市场份额当作他的一个目标，更没有人把用户的满意度当作下一个更高层次的目标。

所以，可以不夸张地说，市场细分做好了，市场营销就成功了一半。因此，不管是国有企业还是民营企业，都应当高度重视市场细分，真正做到有所为，有所不为。这样才能建立起企业的竞争优势，找准方向，突出特色，把握机会，使我国有限的资源利用达到最佳状态，使企业能健康发展。

2.3 区域市场开发

区域市场开发是"有计划的市场推广"，因为区域市场是一个相对概念，企业在市场推广过程中处理好局部与整体的关系是很重要的。国外许多企业在产销观念上也经历了几次转变：从以产定销到以销定产，再到强调产销间的整合，强调销售生产的计划性和前瞻性。

"有计划的市场推广"既反映了开发、生产、销售环节的计划性、有序性，又反映出企业自身的能动性。"有计划"是指企业在自身实力、知名度有限的情况下，使企业市场投入资源高度集约化，成为一个统一的作战团队（制定量力而行的市场销售目标，审时度势，制订市场推广阶段性计划），以发挥最大杀伤力（攻击力）；同时也显示出企业区域市场开拓的计划性（如先易后难，先重点后一般；先集中优势兵力强攻易进入的市场，夺取局部胜利，然后逐步扩大市场根据地等）。

2.4 开发区域市场的意义

市场经济的实质是竞争经济，作为市场主体的企业，要想在强手如林的市场上稳健发展，必须建立明确而稳定的区域市场。企业可以在有限的空间内创造局部优势，赢得较大市场份额，从而有效抵御竞争攻势，保存并壮大自己，这是企业竞争取胜的一把利器。

与其在整体市场上与竞争强手短兵相接，不如在区域市场上创造优势；与其在广大市场范围上占有极小的市场份额，不如在某几个区域市场内提高市场占有率——对大企业如此，对中小企业尤为如此。

2.5 区域市场开发中的常见误区

未建立起企业赖以生存的根据地——明确而稳定的区域市场，就去拓展整体市场（即全国市场）。

其开拓市场活动既无明晰的思路、策略，又无具体可行的措施方法，随意性、盲目性很强。表现在产品销售上有两种倾向：①"蜻蜓点水"式的"游击战"——哪儿能销就往哪儿销，能销多少销多少；②"撒胡椒粉"式的"全击战"——广泛撒网，遍地播种，力求"广种厚收"。

上述做法或许能在某种程度上实现一定量的销售额，但其弊端却是显而易见的：一无明确的区域市场目标，无异于大海上行船没了航向，难以实现企业的各项经营指标；二无稳定的市场根据地，缺乏强有力的市场依托，难以形成竞争优势，终会导致"黄巢、石达开式"的结局。这是一种急功近利或贪大求全的非理性营销行为，对企业的中长期发展极为有害。

3. 市场分类

3.1 市场类型

（1）导入期市场：在企业拥有清晰的开拓步骤和计划的前提下，产品已开始导入区域市场。将属于导入期的市场按导入的时间和绩效再细化分类。

（2）成长期市场：导入以后，销售已经启动，而且销售业绩在逐步攀升。将成长期市场按成长的速度和绩效再细化分类。

（3）成熟期市场：已达到销售的顶峰，市场上的产品流通畅流无阻。将这部分市场按时间和销售规模再细化分类。

（4）衰退期市场：商品流通虽畅通无阻，但销售业绩已开始下滑，区隔市场明显地供大于求，预计销售与实际销售的差距逐渐增大。将此类市场按衰退的速度和规模再细化分类。

（5）钉子市场：所谓钉子市场，就是企业虽然进行了努力开拓，但仍未攻下的市场。将此类市场按投入资源的多少和时间再细化分类。

（6）重点市场：销量也许不大，但却具有战略意义的市场。如企业所在地市场和某一区域市场群中有巨大影响意义的市场等。将此类市场按规模和意义的广度再细化分类（如中心市场）。

（7）典型市场：将抢占快、位置稳、规模大、盈余高、资源投入少的市场细化分类。

（8）零点市场：出于某种原因，企业尚未开拓的市场。对这类市场按人口、竞争环境等进一步细化分类。

3.2 "四化"原则

（1）营销资源投入最小化。

（2）达到营销目标时间最短化。

（3）达到营销目标管理最简化。

（4）规模盈余最大化。

3.3 以区域市场开发为例

区域市场选择方法：
①产品可能适销对路的区域定位为"目标市场"，作为候选对象。
②把"目标市场"中企业当前营销能力可以涉及的区域定位为"首选市场"。
③把"首选市场"中可能创造局部优势的区域定位为"重点市场"，应当全力开拓。
④把"重点市场"中可以起到辐射作用的区域定位为"中心市场"，应充分发挥其优势努力开拓。
⑤把上述市场以外的区域定位为"次要市场"、当前无须全力开拓，但可有针对性地培育市场，选择客户。

4. 市场定位

"百战百胜，非善之善者也；不战而屈人之兵，善之善者也"。这是《孙子·谋攻篇》中的一句话。作者认为，"不战而胜"才是兵法中的最高境界。但在商场中，怎样才能做到"不战而屈人之兵"呢？方法就是要占领市场的最佳位置，即正确制定"定位策略"（Positioning Strategy）。由此可见，无论是古今中外、战场上还是商场中，制胜之道都是一脉相承的。

Positioning（定位）的直接解释是确定位置。在营销学上，Positioning实际上就是市场定位（Market Positioning），其含义是根据竞争者在市场上所处的位置，针对消费者对产品的重视程度，强有力地塑造出本企业产品与众不同的、给人印象鲜明的个性或形象，从而使产品在市场上确定适当的位置。市场定位并不是你对一件产品本身做些什么，而是你在潜在消费者的心目中做些什么。也就是说，你得给产品在潜在消费者的心目中确定一个适当的位置，如品质超群、新颖别致、高档品牌、方便实用等。市场定位实际上是心理效应，它产生的结果是潜在消费者怎样认识一种产品。市场定位可分为对现有产品的再定位和对潜在产品的预定位。对现有产品的再定位可能导致产品名称、价格和包装的改变，但是这些外表变化的目的是为了保证产品在潜在消费者的心目中留下值得购买的形象。对潜在产品的预定位，要求营销者必须从零开始，开发所有的4Ps，使产品特色确实符合所选择的目标市场。企业在进行市场定位时，一方面要了解竞争对手的产品具有何种特色，另一方面要研究消费者对该产品的各种属性的重视程度，然后根据这两方面进行分析，再选定本企业产品的特色和独特形象。

1）拾遗补缺定位策略：这是专钻市场空隙的一种定位策略。
2）迎头定位策略：这是一种针锋相对的定位策略。
3）突出特色定位策略：这是一种高人一筹的定位策略。

5. 市场定位——机会与实力的平衡

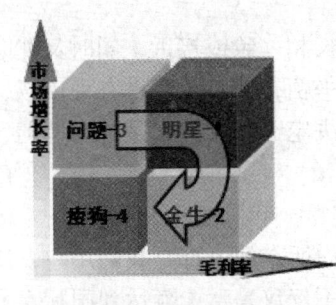

产品	本地	区域	国内	亚洲	国际
P1	4	4	4	4	3
P2	3	3	3	3	2
P3	3	2	2	1	1
P4	2	1	1	1	2

企业通过市场调查与分析可能发现许多机会，但还需要分析自己有没有实力。机会大而实力不够会出现什么情况呢？你吃不下；如果发现机会很小而企业实力很大，你吃不饱，可能会饿死。

为什么世界上大型企业、中型企业、小型企业各有各的活法，就是它要把握这个机会和实力的平衡。各有各的战场各有各的地盘，大企业不能做小市场，小企业也不能做大市场。

5.1 明星产品

明星产品在一个增长中的市场享有很高的市场占有率，处在该象限的企业往往投入大量资金以维持其明星产品的地位，但是，由于经验曲线效应，成本随着时间的推移会下降。

5.2 金牛产品

金牛产品在成熟的市场中有很高的市场占有率，因而企业无须增加营销支出。这种产品是企业投资新产品开发的主要现金来源。

5.3 问题产品

问题产品在增长中的市场，市场占有率低。为了提高占有率，企业需要投入大量的资金，在市场份额没有改善的情况下，问题产品可能撤出市场。

5.4 瘦狗产品

瘦狗产品处在静止或衰退市场环境下，市场占有率低，往往耗费企业大量现金，与企业资源总量不成正比。产品组合分析可以根据企业的资金和营运资本管理情况，确定适当的产品或服务组合。

6. 市场定位与机会分析

虽然从理论上讲，市场机会是无限的，但与企业专长相一致或接近，同时又能赚钱的行业或产品却是有限的。所以企业必须把握机会与实力的平衡，即大企业占有大市场，小企业占有小市场的局面。此外定位决定了竞争的战场，也就决定你和谁打？是争高档的、低档的还是中档的？

（1）大企业为什么无法"通吃"？

道理很简单：资源有限。全世界最大的企业也不敢说所有的人都是我的用户，所有的地盘都是我的市场。当然有一点需要说明，大企业的定义不仅仅是营业额达到国际水准，更重要的是管理水平、管理体系达到世界一流。同时还要看其"市值"大小，如微软公司按营业额排名，列在全球第400名，但是按市值排名，列在全球第2名。

（2）小企业为什么会越来越多？

因为随着人们生活水平的不断提高，消费需求正日趋离散化、个性化，因此市场呼唤反应快、专业化的小企业，专门针对一个较小的消费群体开发产品，提供服务。所以，填补市场空白的小企业越来越多。这是一个发展趋势，而且迟早也会影响中国的市场和企业。但是现在有一种非常奇怪的现象，即"企业越大越好"。能进入500强是最光荣的事情，但进入500强的目的是什么？如果进去后会赔钱，何必要进去？因此企业存在于这个社会的目的到底是什么？应该说企业的宗旨是赚钱，你如果能赚钱，对消费者就一定有贡献、有价值，消费者才能让你赚这个钱。所以具体的规模大小不是一个主要问题，而要看企业服务的消费群体主要是哪一个。

所以大企业将来一定是生产那些量大、面广、无差异的大宗产品——低档货，而高档货都是小企业来生产，奔驰车的产量永远也赶不上丰田车的产量。

（3）那么中型企业为什么越来越难生存呢？

一方面中型企业达不到大企业的规模经济效益，另一方面又不具备小企业灵活多变、"船小好调头"的优势，所以中型企业的空间受到两方面的挤压，生存会非常艰难。遗憾的是，如果按国际标准来衡量的话，目前中国的1000多家大型国有企业绝大部分都是中型企业，我们的汽车厂和世界水平相比都是小不点，你无法和它在规模经济上去较劲儿，全国的汽车加起来还没有丰田的1/5多，怎么能降低成本？所以只好用百分之一百几的关税来挡住进口车。否则这些企业将会统统关门，因为你根本无法和它竞争。

所以在发达的市场经济环境中，一方面大企业正在不断扩大规模，以达到规模经济效益，另一方面小型企业沿着自己的道路，针对某个特定的消费群体去发展，而中型企业就必须作出自己的判断，该往何处走？是否有机会作成大型企业，如果没机会，还不如把它分成若干个小企业。例如，即使是全世界价值最高的公司——通用电器，也是分成11个集团独立地去运作。

任务2 完成企业经营模拟沙盘第三年经营

【知识目标】
※掌握模拟公司的运营流程,运用各种方法,进行模拟公司第三年的运营。
【能力目标】
※能掌握企业经营中经营规划的方法。
【任务分析】
※完成企业沙盘第三年的经营。
【实训时间】
※实训时间:2.5学时。
【实训指导】

实训项目单(4-2)

所属系部:				编制人:			编制日期:	年 月 日
课程名称	企业管理沙盘	项目名称	企业经营模拟手工沙盘第三年的经营	任务名称	完成企业经营模拟手工沙盘第三年经营		任务编号	4-2
实训对象		实训地点		实训学时	2.5	参考教材		
实训目的	掌握模拟公司的运营流程,运用各种方法,进行模拟公司第三年的运营 能掌握企业经营中经营规划的方法							

内容(实训设备与工具、方法、步骤、要求或考核标准等)
一、实训设备与工具准备
参考资料与耗材准备:
1. 教材
2. 企业经营报表
3. 用友ERP手工沙盘;沙盘课程工具V41
二、教学组织要求(编组要求、指导教师数及指导要求等)
1. 6~7位同学编为一个学习小组
2. 小组人员各施其责
3. 责任明确,分工与合作相结合
三、实训内容与步骤
(一)实训内容
1. 根据提供数据进行市场预测
2. 运用各种方法进行企业决策
3. 根据规则进行模拟公司第三年的运营
(二)步骤
1. 老师运用"沙盘课程工具V41"Excel表格进行第一年的广告费登记和组织订单选择
2. 学生分组进行模拟公司的第三年运营,老师分组进行过程指导,解决遇到的问题
3. 学生经营完成后填写好经营报表,老师检查,在"沙盘课程工具V41"Excel文件中录入相关的报表
4. 老师分析各组第三年的经营情况
四、考核标准
1. 按实训有关考核项目进行过程考核60%,结果考核40%
2. 小组成员自评实训成绩
3. 老师综合考评

CEO 总经理经营表格
（第 三 年）

序号	企业经营流程 请按顺序执行下列各项操作。	空格内：填经营过程中收入、支出（红色）的金额数字 其他填符号：√——已进行了的工作　×——未进行的工作			
1	新年度规划会议				
2	参加订货会/登记销售订单（填当年广告费数额并从现金支付）				
3	制订新年度计划				
4	支付应付税金（填写上年应付税金数额并从现金支付）				
5	申请长期贷款/更新长期贷款/还本、支付长期贷款利息				
6	季初现金盘点（余额＝去年现金－广告费－税金±长贷本息）				
7	申请短期贷款/更新短期贷款/还本付息				
8	原材料入库/更新原料订单/原材料紧急采购（填写买原料金额数）				
9	更新生产/完工入库（生产线在制品向下一季度移动，下线成品入库）				
10	开始下一批生产（向空生产线上产品原料，并记录投入的加工费）				
11	下原料订单（用空桶放在需买原料的订单提前期 Q 处）				
12	投资新生产线/变卖生产线/生产线转产（记录投入金额数）				
13	更新应收款/应收款收现（移动应收款/记录到期应收款数额）				
14	出售厂房（出售厂房的资金放到应收款的四期4Q处）				
15	向其他企业购买成品/出售成品（记录买/卖成交的实际价格）				
16	按订单交货（根据库存与订单把产品卖到老师处，0 期写金额）				
17	产品研发投资（记录投资开发 P2/P3/P4 投入的金额）				
18	支付行政管理费（每季度1M）				
19	其他现金收支情况登记（未交订单总金额20%的罚款/贴息记于此）				
20	支付设备维护费（每条生产线1M/年）				
21	支付厂房租金/购买厂房				
22	计提折旧（每条生产线购买价1/5，剩到残值时停止提取）				( ) 0
23	新市场开拓（记录投资本地/区域/国内/亚洲/国际市场金额）				
24	ISO 资格认证投资（记录投资开发 ISO9000/ISO14000 的金额）				
25	结账（本栏内空格打√，说明已进行了年终算账）				
26	本季现金收入合计（第 1 季度不含广告、税金、长期贷款数）				
27	本季现金支出合计（注：折旧不计入第 4 季度现金支出）				
28	期末现金对账（填写余额，与盘面余额一致）				

销售经理经营表格
（第 三 年）
1. 订单登记表序号

序号	订单号								
1	市场								
2	产品								
3	数量								
4	账期 Q								

续表

序号	订单号									
5	销售额									
6	成本									
7	毛利									
8	未售									

注：毛利 = 销售额 - 成本。单位产品成本：P1 = 2，P2 = 3，P3 = 4，P4 = 5。

2. 产品核算统计表

序号	产品	P1	P2	P3	P4	合计
1	数量					
2	销售额					
3	成本					
4	毛利					

注：毛利 = 销售额 - 成本。单位产品成本：P1 = 2，P2 = 3，P3 = 4，P4 = 5。

3. 销售经理经营情况表

	产品	P1	P2	P3	P4	合计	产品开发	1Q	2Q	3Q	4Q	合计
接单能力（个）	期初库存						P1 费用					
	在制品						P2 费用					
	生产能力						P3 费用					
	小计						P4 费用					
广告投入金额（年）	本地						市场开发费用（年）	本地				质量认证开发费用（年）	ISO9000
	区域							区域					
	国内							国内					
	亚洲							亚洲					ISO14000
	国际							国际					
	小计							小计					
竞单记录（个）	可接产品						向其他企业购买/出售产品记录（±）						
	计划/实际	计 实	计 实	计 实	计 实	实际	产品	第 季度Q		第 季度Q		合计	
								数量	金额	数量	金额	数量	金额
	本地						P1						
	区域						P2						
	国内						P3						
	亚洲						P4						
	国际						小计						
	小计												

续表

	1/2 季度	库存	入库	出售	结存	1 季度销售额	库存	入库	出售	结存	第 2 季度销售额
季末产品入库及销售记录（个）本年销售总额（ ）	P1										
	P2										
	P3										
	P4										
	合计										
	3/4 季度	库存	入库	出售	结存	3 季度销售额	库存	入库	出售	结存	第 4 季度销售额
	P1										
	P2										
	P3										
	P4										
	合计										

	产品	P1	P2	P3	P4	合计	1. 库存：仓库年底未销售的所余产品。 2. 在制品：生产线上的产品。 3. 生产能力：扣除生产线已有的产品，还能生产产品的数量。 4. 广告投标时，请仔细参考市场预测图。
年底盘存明年销售数量测算	库存						
	在制品						
	生产能力						
	合计						

财务总监经营表格

1. 现金收支记录表（第三年）

序号	季度 Q	1		2		3		4	
	项目	收/支	结存	收/支	结存	收/支	结存	收/支	结存
1	期初库存现金								
2	本年市场广告投入								
3	支付上年应交税金								
4	（更新长期贷款）填金额	FY1（ ）		FY2（ ）		FY3（ ）		FY4（ ）	FY5（ ）
5	申请/归还长期贷款								
6	支付长期贷款利息								
7	季初现金盘点								
8	申请/归还短期贷款								
9	支付短期贷款利息								
10	（更新短期贷款）填金额	季度 Q	1	2	3	4	1	2	3	4	1	2	3	4	1	2	3	4
		金额																
11	原料采购支付现金								
12	开始下一批生产加工费								
13	生产线投资/卖生产线								
14	生产线转产费用								
15	（更新应收款）填移动金额数	季度 Q	1	2	3	4	1	2	3	4	1	2	3	4	1	2	3	4
		金额																
16	应收款收现（写移出数）								
17	出售厂房								

续表

序号	季度 Q 项目	1 收/支	1 结存	2 收/支	2 结存	3 收/支	3 结存	4 收/支	4 结存
18	向其他企业买/卖产品								
19	支付产品研发投资								
20	支付管理费用								
21	贴现现金收现								
22	贴息利息								
23	其他收支（订单罚款20%）								
24	支付设备维护费用								
25	支付厂房租金								
26	购买新厂房								
27	计提折旧							（ ）	
28	市场开拓投资								
29	ISO 认证投资								
30	本季现金收入合计								
31	本季现金支出合计								
32	本季结存现金余额								
33	本年销售收入：	利润：		资产：		所有者权益：			

2. 综合管理费用明细表（第三年）　　　　　　　　　　　　　　　　　　　　单位：M

序号	项目	金额	备注
1	管理费		（与盘面灰币数量一致）
2	广告费		（与盘面灰币数量一致）
3	维修费		（与盘面灰币数量一致）
4	租金		（与盘面灰币数量一致）
5	转产费		（与盘面灰币数量一致）
6	市场准入开拓		□区域　　□国内　　□亚洲　　□国际
7	ISO 资格认证		ISO9000（　　）　　ISO14000（　　）
8	产品研发		P2（　　）　　P3（　　）　　P4（　　）
9	其他		同盘面一致。向其他企业购买产品高于成本的数记于此
10	合计		(10 = 1 + 2 + 3 + 4 + 5 + 6 + 7 + 8 + 9)

注：在市场准入开拓在□内打√，每√为1M。其他在括号内填写投入金额数，产品研发如：P2（4）。

3. 利润表（第三年）

序号	项目	数据来源及计算公式	上年数	本年数
1	销售收入	见产品核算统计表		
2	减：直接成本	见产品核算统计表		
3	毛利	3 = 1 − 2		
4	减：综合费用	见综合管理费用表		
5	折旧前利润	5 = 3 − 4		
6	减：折旧	见盘面综合费用处		

续表

序号	项目	数据来源及计算公式	上年数	本年数
7	支付利息前利润	7 = 5 − 6		
8	减：财务支出（利息）	见盘面：利息 = 利息 + 贴息		
9	减/加：其他支出/收入	根据实际记录：±		
10	税前利润	10 = 7 − 8 ± 9		
11	减：所得税（应交税金）	11 = 10 × 0.25（向下取整）		
12	净利润（年度净利）	14 = 10 − 11		

注：1. 其他收入/支出：向其他企业卖/买产品，高于成本的数记于此。
2. 税前利润为负数时不计所得税，下表中"所有者权益合计"未达到 66 时也不计算所得税。

4. 资产负债表（第三年）

资产	期初数	期末数	负债和所有者权益	期初数	期末数
流动资产：			负债：		
1. 现金			1. 长期负债		
2. 应收款			2. 短期负债		
3. 在制品			3. 应付账款		
4. 成品			4. 应交税金		
5. 原料			5. 一年内到期的长期负债		
6. 流动资产合计			6. 负债合计		
固定资产：			所有者权益：		
7. 土地和建筑			7. 股东资本		
8. 机器与设备			8. 利润留存（上年 8 + 9）		
9. 在建工程			9. 年度净利		
10. 固定资产合计			10. 所有者权益合计		
11. 资产总计			11. 负债和所有者权益总计		

注：1. 应交税金 = 利润表（上表）所得税；2. 当年利润留存 = 上年利润留存 + 上年年度净利；3. 年度净利 = 利润表（上表）净利润。

生产经理经营情况表（第三年）

1	季度 Q	一季度 1Q				二季度 2Q				三季度 3Q				四季度 4Q			
2	季初生产线上在制品盘点（个）	P1	P2	P3	P4	P1	P2	P3	P4	P1	P2	P3	P4	P1	P2	P3	P4
3	季初库存原材料盘点（个）	R1	R2	R3	R4	R1	R2	R3	R4	R1	R2	R3	R4	R1	R2	R3	R4
4	本季原材料入库（个）购买数量																
5	紧急采购/个（价格：1×2）																
6	更新原料订单：个/移动 R3，R4 空桶																

续表

序号	项目	线号/产品/原料	类型	1Q	2Q	3Q	1Q	2Q	3Q	1Q	2Q	3Q	1Q	2Q	3Q
7	更新生产/完工产品入库 移动生产线上的产品，生产线类型：手、半、全、柔；空格内写产品如 P1，并填入 P1 在生产线所处的季度 Q 的位置。季末状态	1	手												
		2	手												
		3	手												
		4	半												
		5													
		6													
		7													
		8													
		9													
		10													
8	开始下一批生产	产品		P1	P2	P3	P4	P1	P2	P3	P4	P1	P2	P3	P4
		上线产品（个）													
		加工费（个）													
9	下原料订单（个/放置空桶）	原料		R1	R2	R3	R4	R1	R2	R3	R4	R1	R2	R3	R4
		订购数量（个）													
10	本季下线成品	产品		P1	P2	P3	P4	P1	P2	P3	P4	P1	P2	P3	P4
		数量（个）													
11	本季末生产线上在制品（个）														

序号	项目	线号	类型	1Q	2Q	3Q	4Q	1Q	2Q	3Q	4Q	1Q	2Q	3Q	4Q	1Q	2Q	3Q	4Q
12	新建/在建/转产/变卖生产线（填金额数；投产转记到第 7 栏）季末状态																			

| 13 | 测算明年生产线生产能力（个） | 扣除在制品数 | P1： 个 | P2： 个 | P3： 个 | P4： 个 |

14	季末原料结存	原料	R1	R2	R3	R4	R1	R2	R3	R4	R1	R2	R3	R4	R1	R2	R3	R4
		数量（个）																

| 15 | 季末原材料订单结存空桶数 | 位置：3Q, 2Q, 1Q | | | | | | | | | | | | | | | | | |
| | | 数量（个） | | | | | | | | | | | | | | | | | |

16	支付设备维护费（年底支付）	生产线编号	1	2	3	4	5	6	7	8	9	10	合计	折旧费提取
		维修费（个）												手 1M/年 半 2M/年
17	生产线计提折旧（年末）	提取金额（个）											（ ）	全 3M/年 柔 4M/年 提到残值数停提取
		生产线余净值											（ ）	

供应经理经营情况表（第三年）

1	季度 Q			一季度 1Q				二季度 2Q				三季度 3Q				四季度 4Q			
2	季初盘点	库存	产品	P1	P2	P3	P4	P1	P2	P3	P4	P1	P2	P3	P4	P1	P2	P3	P4
			数量（个）																
3		在制品	数量（个）																
4		原材料	原料	R1	R2	R3	R4	R1	R2	R3	R4	R1	R2	R3	R4	R1	R2	R3	R4
			数量（个）																
5	原材料入库（个）																		
6	紧急采购/个（价格：1×2）																		
7	更新原料订单：个/移动 R3，R4 空桶																		

8	更新生产/完工产品入库 移动生产线上的产品，生产线类型有：手、半、全、柔；空格内写产品如 P1，并填入 P1 在生产线所处的季度 Q 时间的位置。季末状态	线号	类型	1Q	2Q	3Q	1Q	2Q	3Q	1Q	2Q	3Q	1Q	2Q	3Q
		1													
		2													
		3													
		4													
		5													
		6													
		7													
		8													
		9													
		10													

9	入库产品	产品	P1	P2	P3	P4	P1	P2	P3	P4	P1	P2	P3	P4	P1	P2	P3	P4
		数量（个）																
10	开始下一批生产	数量（个）																
		加工费（金额）																
11	空余生产线数量、线号		条：号：				条：号：				条：号：				条：号：			
12	下原料订单提前放空桶	原料	R1	R2	R3	R4	R1	R2	R3	R4	R1	R2	R3	R4	R1	R2	R3	R4
		订货数量（个）																
13	原料订货总数（含途中订单处）																	
14	季末原料盘存（个）	季初库存																
15		本季入库																
16		原料上线																
17		季末库存																
18	季末产品盘存（个）	产品	P1	P2	P3	P4	P1	P2	P3	P4	P1	P2	P3	P4	P1	P2	P3	P4
19		季初库存																
20		在制品																
21		成品入库																
22		成品出库																
23		季末库存																
24	单位产品原料构成规则（个）		P1：R1				P2：R2 + R3				P3：R1 + R3 + R4				P4：R2 + R3 + 2R4			
25	原料提前订货期规则（季度）		P1：1Q				P2：1Q				P3：2Q				P4：2Q			

项目五　企业经营模拟沙盘第四年经营

任务1　第四年的经营环境情况分析

【知识目标】
※掌握企业经营模拟手工沙盘第四年的经营环境情况。
【能力目标】
※能根据企业第四年的经营环境情况对第四年的经营做出规划。
【任务分析】
※对模拟企业第四年的经营环境情况进行分析。
【实训时间】
※实训时间：0.5学时。
【实训指导】

实训项目单（5-1）

所属系部：				编制人：			编制日期：	年　月　日
课程名称	企业管理沙盘	项目名称	企业经营模拟手工沙盘第四年的经营	任务名称	第四年的经营环境情况分析		任务编号	5-1
实训对象		实训地点		实训学时	0.5	参考教材		
实训目的	掌握模拟企业第四年的经营环境情况 能根据企业第四年的经营环境情况对第四年的经营做出规划							
内容（实训设备与工具、方法、步骤、要求或考核标准等） 一、实训设备与工具准备 参考资料与耗材准备： 1. 教材 2. 企业经营表格 二、教学组织要求（编组要求、指导教师数及指导要求等） 1. 6~7位同学编为一个学习小组 2. 小组人员各施其责 3. 责任明确，分工与合作相结合 三、实训内容与步骤 （一）实训内容 对模拟企业第四年的经营环境情况进行分析								

续表

（二）步骤 1. 老师讲授第四年的经营环境情况 2. 学生分组召开年度规划会议进行讨论，对第四年的经营做出规划 四、考核标准 1. 按实训有关考核项目进行过程考核60%，结果考核40% 2. 小组成员自评实训成绩 3. 老师综合考评

战略实施的工具除了全面预算管理手段以外还有很多种，例如平衡积分卡的方式、经济增加值 EVA 的方式等。根据国资委分三阶段的业绩考核的方案，2004～2005 年，采用财务指标的方法进行业绩考核；2005～2008 年，采用全面预算管理的方法；2008～2010 年采用经济增加值 EVA 的方法，也就是说近三年国资委下属单位都有全面预算管理的要求，对全面预算管理信息系统的需求应该是巨大的。

由于预算管理的目的是落实战略，因此编制年度计划预算时，必须考虑企业的战略目标。例如在做销售预算时，销售价格的确定要考虑企业所选择的竞争战略，是成本领先还是差异化或集中化战略。比如，如果企业选择差异化战略，则为了使本企业的产品与其他同类产品相比具有独特之处，往往需要额外的成本费用，那么在确定产品价格时，在基本情况的基础上更需要考虑这部分额外的花费。

目标可以是产量目标、销量目标、成本目标、利润目标等，这些都是量化的。另外还有研究发展目标例如加强研究发展 183 项，管理改进目标（提升服务品质、实施全面品保计划、改进经营管理；强化工安、环保）等。

1. 全面预算管理

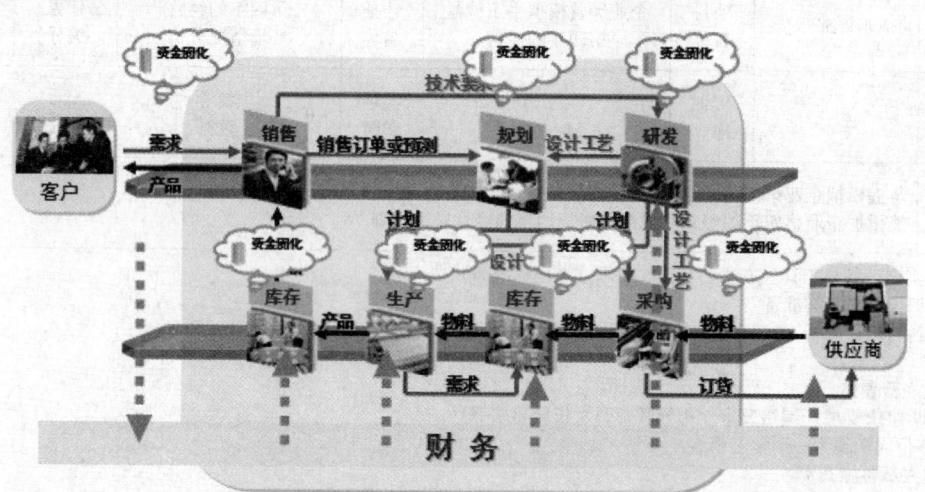

2. 健康的现金流量——企业的血液与氧气

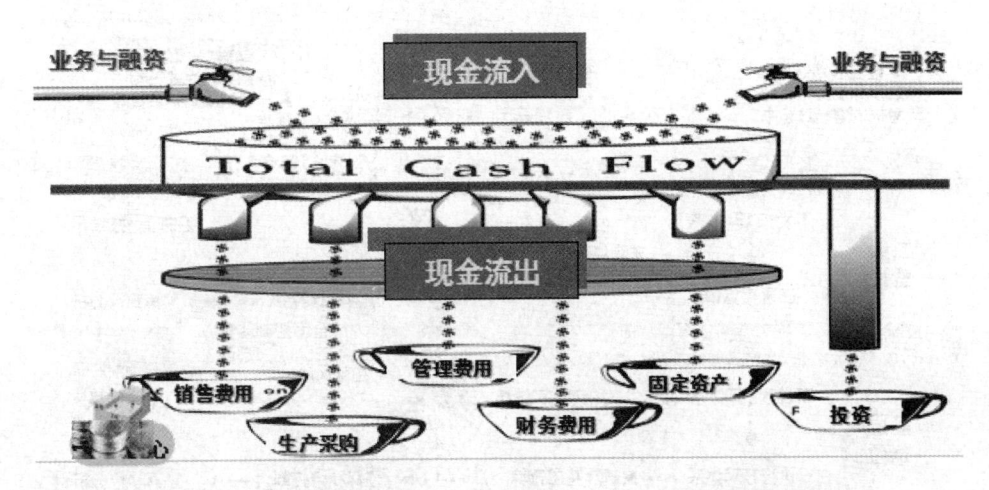

企业不一定因为亏损而倒闭，但由于断流而死亡

3. 全面预算——作用与内容

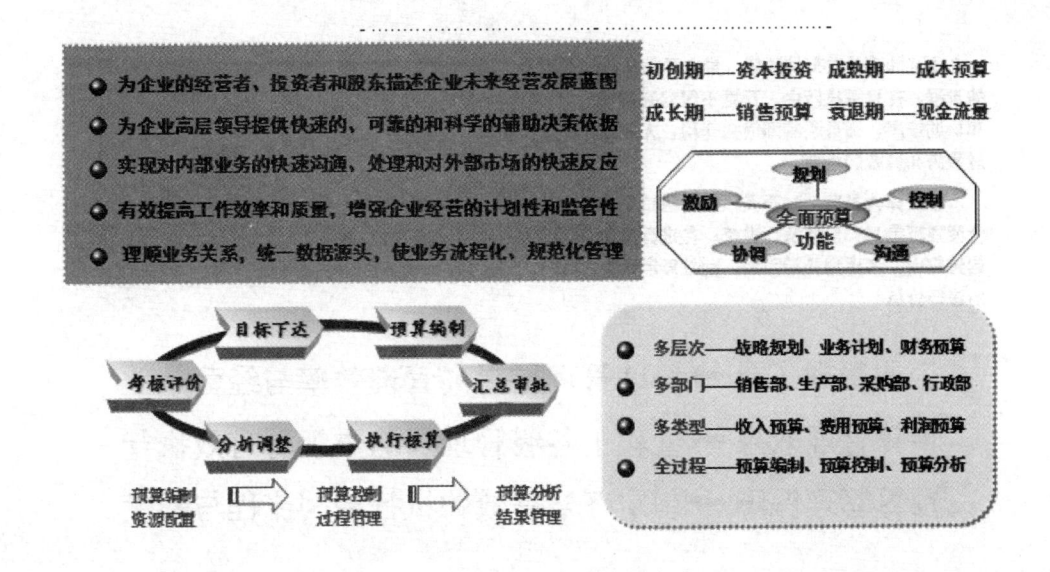

- 为企业的经营者、投资者和股东描述企业未来经营发展蓝图
- 为企业高层领导提供快速的、可靠的和科学的辅助决策依据
- 实现对内部业务的快速沟通，处理和对外部市场的快速反应
- 有效提高工作效率和质量，增强企业经营的计划性和监管性
- 理顺业务关系，统一数据源头，使业务流程化、规范化管理

初创期——资本投资　成熟期——成本预算
成长期——销售预算　衰退期——现金流量

全面预算功能：规划、控制、沟通、协调、激励

- 多层次——战略规划、业务计划、财务预算
- 多部门——销售部、生产部、采购部、行政部
- 多类型——收入预算、费用预算、利润预算
- 全过程——预算编制、预算控制、预算分析

预算编制资源配置 → 预算控制过程管理 → 预算分析结果管理

目标下达 → 预算编制 → 汇总审批 → 执行核算 → 分析调整 → 考核评价

4. 预算编制——基本流程

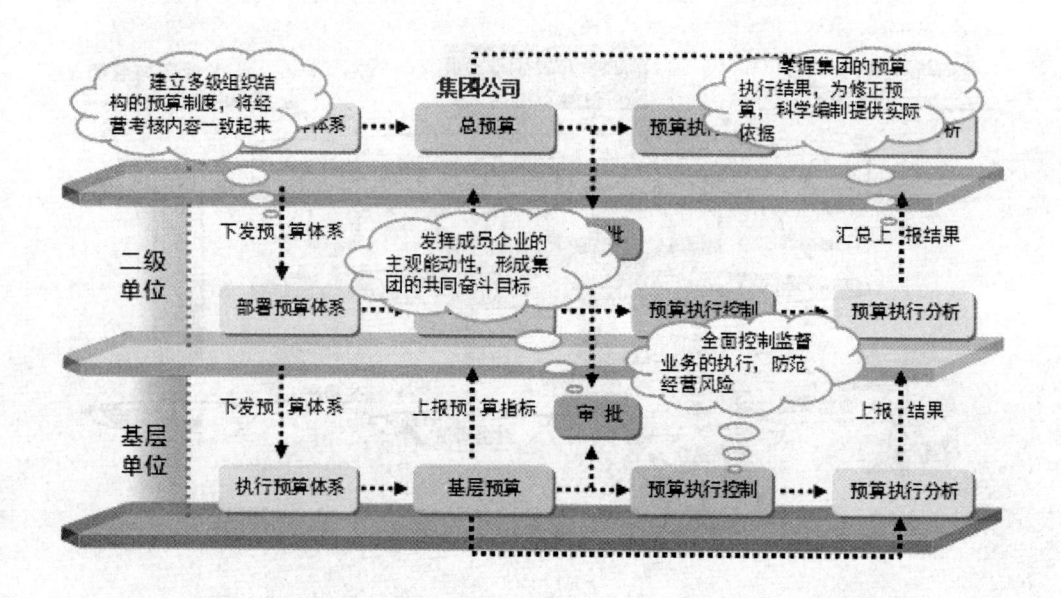

5. 预算执行——控制分析

经过批准并发布的预算，进入预算执行的流程。在预算执行中，预算不仅起到指导和协调作用，而且还起到控制作用，尤其是对费用和资金的控制。

以预算为基准，对照实际执行的结果，考察预算差异和预算执行进度；在进行分析的过程中，考虑到异常因素，剔除异常因素后进行分析。

企业管理工具 ➡ 协助管理层提高管理效率与经营效益

预算管理效果 ➡ 依赖于各级管理层的重视与有效执行

预算管理保障 ➡ 制定严格高效的执行控制流程与制度

6. 沙盘企业预算流程

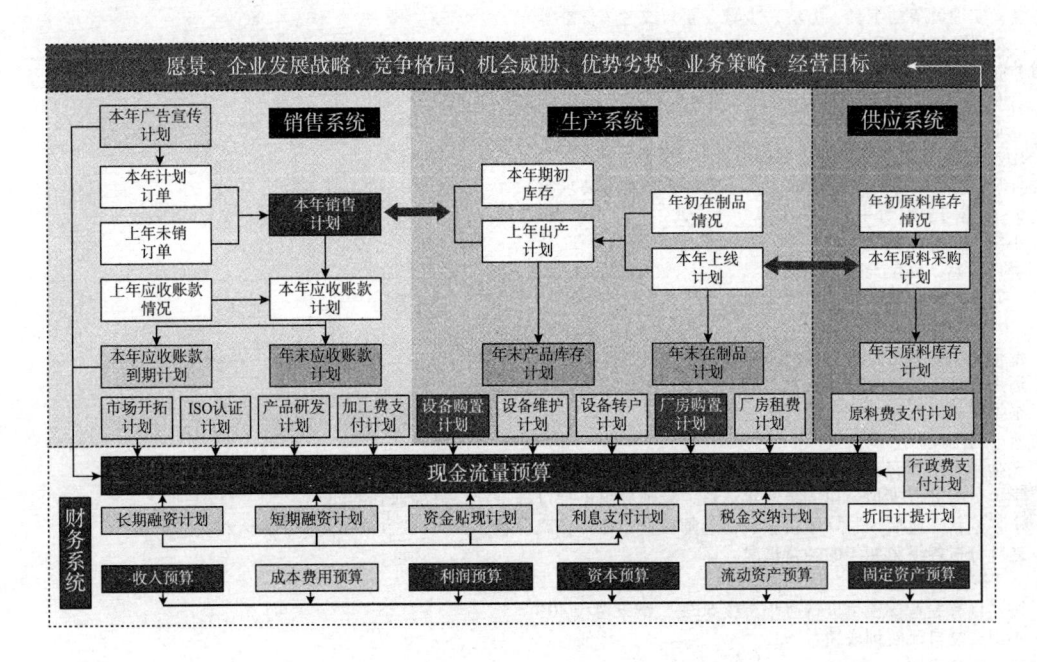

愿景、企业发展战略、竞争格局、机会威胁、优势劣势、业务策略、经营目标

销售系统：本年广告宣传计划、本年计划订单、上年未销订单、上年应收账款情况、本年销售计划、本年应收账款计划、本年应收账款到期计划、年末应收账款计划、市场开拓计划、ISO认证计划、产品研发计划、加工费支付计划

生产系统：本年期初库存、上年出产计划、年初在制品情况、本年上线计划、年末产品库存计划、年末在制品计划、设备购置计划、设备维护计划、设备转户计划、厂房购置计划、厂房租费计划

供应系统：年初原料库存情况、本年原料采购计划、年末原料库存计划、原料费支付计划

财务系统：长期融资计划、短期融资计划、资金贴现计划、利息支付计划、税金交纳计划、折旧计提计划、收入预算、成本费用预算、利润预算、资本预算、流动资产预算、固定资产预算、现金流量预算、行政费支付计划

任务2 完成企业经营模拟沙盘第四年经营

【知识目标】
※掌握模拟公司的运营流程，运用各种方法，进行模拟公司第四年的运营。
【能力目标】
※能掌握企业经营中全面预算等经营的方法。
【任务分析】
※完成企业沙盘第四年的经营。
【实训时间】
※实训时间：2.5学时。
【实训指导】

实训项目单（5-2）

所属系部：			编制人：		编制日期：	年 月 日	
课程名称	企业管理沙盘	项目名称	企业经营模拟手工沙盘第四年的经营	任务名称	完成企业经营模拟手工沙盘第四年经营	任务编号	5-2
实训对象		实训地点		实训学时	2.5	参考教材	
实训目的	掌握模拟公司的运营流程，运用各种方法，进行模拟公司第四年的运营 能掌握企业经营中全面预算等经营的方法						

续表

内容（实训设备与工具、方法、步骤、要求或考核标准等）
一、实训设备与工具准备 参考资料与耗材准备： 1. 教材 2. 企业经营报表 3. 用友ERP手工沙盘；沙盘课程工具V41 二、教学组织要求（编组要求、指导教师数及指导要求等） 1. 6~7位同学编为一个学习小组 2. 小组人员各施其责 3. 责任明确，分工与合作相结合 三、实训内容与步骤 （一）实训内容 1. 根据提供数据进行市场预测 2. 运用各种方法进行企业决策 3. 根据规则进行模拟公司第四年的运营 （二）步骤 1. 老师运用"沙盘课程工具V41"Excel表格进行第一年的广告费登记和组织订单选择 2. 学生分组进行模拟公司的第四年运营，老师分组进行过程指导，解决遇到的问题 3. 学生经营完成后填写好经营报表，老师检查，在"沙盘课程工具V41"Excel文件中录入相关的报表 4. 老师分析各组第四年的经营情况 四、考核标准 1. 按实训有关考核项目进行过程考核60%，结果考核40% 2. 小组成员自评实训成绩 3. 老师综合考评

CEO 总经理经营表格
（第 四 年）

序号	企业经营流程 请按顺序执行下列各项操作。	空格内：填经营过程中收入、支出（红色）的金额数字 其他填符号：√——已进行了的工作　×——未进行的工作				
1	新年度规划会议					
2	参加订货会/登记销售订单（填当年广告费数额并从现金支付）					
3	制订新年度计划					
4	支付应付税金（填写上年应付税金数额并从现金支付）					
5	申请长期贷款/更新长期贷款/还本/支付长期贷款利息					
6	季初现金盘点（余额＝去年现金－广告费－税金±长贷本息）					
7	申请短期贷款/更新短期贷款/还本付息					
8	原材料入库/更新原料订单/原材料紧急采购（填写买原料金额数）					
9	更新生产/完工入库（生产线在制品向下一季度移动，下线成品入库）					
10	开始下一批生产（向空生产线上产品原料，并记录投入的加工费）					
11	下原料订单（用空桶放在需买原料的订单提前期Q处）					
12	投资新生产线/变卖生产线/生产线转产（记录投入金额数）					
13	更新应收款/应收款收现（移动应收款/记录到期应收款数额）					
14	出售厂房（出售厂房的资金放到应收款的四期4Q处）					
15	向其他企业购买成品/出售成品（记录买/卖成交的实际价格）					
16	按订单交货（根据库存与订单把产品卖到老师处，0期写金额）					
17	产品研发投资（记录投资开发P2/P3/P4投入的金额）					

续表

序号	企业经营流程 请按顺序执行下列各项操作。	空格内：填经营过程中收入、支出（红色）的金额数字 其他填符号：√——已进行了的工作　×——未进行的工作		
18	支付行政管理费（每季度1M）			
19	其他现金收支情况登记（未交订单总金额20%的罚款/贴息记于此）			
20	支付设备维护费（每条生产线1M/年）			
21	支付厂房租金/购买厂房			
22	计提折旧（每条生产线购买价1/5，剩到残值时停止提取）			( ) 0
23	新市场开拓（记录投资本地/区域/国内/亚洲/国际市场金额）			
24	ISO资格认证投资（记录投资开发ISO9000/ISO14000的金额）			
25	结账（本栏内空格打√，说明已进行了年终算账）			
26	本季现金收入合计（第1季度不含广告、税金、长期贷款数）			
27	本季现金支出合计（注：折旧不计入第4季度现金支出）			
28	期末现金对账（填写余额，与盘面余额一致）			

销售经理经营表格
（第 四 年）
1. 订单登记表

序号	订单号						
1	市场						
2	产品						
3	数量						
4	账期Q						
5	销售额						
6	成本						
7	毛利						
8	未售						

注：毛利=销售额-成本。单位产品成本：P1=2，P2=3，P3=4，P4=5。

2. 产品核算统计表

序号	产品	P1	P2	P3	P4	合计
1	数量					
2	销售额					
3	成本					
4	毛利					

注：毛利=销售额-成本。单位产品成本：P1=2，P2=3，P3=4，P4=5。

3. 销售经理经营情况表

	产品	P1	P2	P3	P4	合计	产品开发	1Q	2Q	3Q	4Q	合计
接单能力（个）	期初库存						P1 费用					
	在制品						P2 费用					
	生产能力						P3 费用					
	小计						P4 费用					

续表

广告投入金额(年)	本地								市场开发费用(年)	本地		质量认证开发费用(年)	ISO9000	
	区域									区域				
	国内									国内				
	亚洲									亚洲			ISO14000	
	国际									国际				
	小计									小计				

竞单记录(个)	可接产品								向其他企业购买/出售产品记录（±）					
	计划/实际	计	实	计	实	计	实	实际	产品	第 季度 Q		第 季度 Q		合计
										数量	金额	数量	金额	数量	金额
	本地								P1						
	区域								P2						
	国内								P3						
	亚洲								P4						
	国际														
	小计								小计						

季末产品入库及销售记录(个) 本年销售总额( )	1/2 季度	库存	入库	出售	结存	1 季度销售额	库存	入库	出售	结存	第 2 季度销售额
	P1										
	P2										
	P3										
	P4										
	合计										
	3/4 季度	库存	入库	出售	结存	3 季度销售额	库存	入库	出售	结存	第 4 季度销售额
	P1										
	P2										
	P3										
	P4										
	合计										

年底盘存明年销售数量测算	产品	P1	P2	P3	P4	合计
	库存					
	在制品					
	生产能力					
	合计					

1. 库存：仓库年底未销售的所余产品。
2. 在制品：生产线上的产品。
3. 生产能力：扣除生产线已有的产品，还能生产产品的数量。
4. 广告投标时，请仔细参考市场预测图。

财务总监经营表格

1. 现金收支记录表（第四年）

序号	季度 Q 项目	1 收/支	结存	2 收/支	结存	3 收/支	结存	4 收/支	结存
1	期初库存现金								
2	本年市场广告投入								
3	支付上年应交税金								
4	（更新长期贷款）填金额	FY1（ ）	FY2（ ）	FY3（ ）	FY4（ ）	FY5（ ）			
5	申请/归还长期贷款								

续表

6	支付长期贷款利息																	
7	季初现金盘点																	
8	申请/归还短期贷款																	
9	支付短期贷款利息																	
10	(更新短期贷款)填金额	季度Q	1	2	3	4	1	2	3	4	1	2	3	4	1	2	3	4
		金额																
11	原料采购支付现金																	
12	开始下一批生产加工费																	
13	生产线投资/卖生产线																	
14	生产线转产费用																	
15	(更新应收款)填移动金额数	季度Q	1	2	3	4	1	2	3	4	1	2	3	4	1	2	3	4
		金额																
16	应收款收现（写移出数）																	
17	出售厂房																	
18	向其他企业买/卖产品																	
19	支付产品研发投资																	
20	支付管理费用																	
21	贴现现金收现																	
22	贴息利息																	
23	其他收支（订单罚款20%）																	
24	支付设备维护费用																	
25	支付厂房租金																	
26	购买新厂房																	
27	计提折旧													(	)			
28	市场开拓投资																	
29	ISO认证投资																	
30	本季现金收入合计																	
31	本季现金支出合计																	
32	本季结存现金余额																	
33	本年销售收入：		利润：				资产：				所有者权益：							

2. 综合管理费用明细表（第四年） 单位：M

序号	项目	金额	备注
1	管理费		（与盘面灰币数量一致）
2	广告费		（与盘面灰币数量一致）
3	维修费		（与盘面灰币数量一致）
4	租金		（与盘面灰币数量一致）
5	转产费		（与盘面灰币数量一致）
6	市场准入开拓		□区域　　□国内　　□亚洲　　□国际
7	ISO资格认证		ISO9000（　　）　　ISO14000（　　）
8	产品研发		P2（　　）　　P3（　　）　　P4（　　）
9	其他		同盘面一致。向其他企业购买产品高于成本的数记于此
10	合计		(10 = 1 + 2 + 3 + 4 + 5 + 6 + 7 + 8 + 9)

注：在市场准入开拓在□内打√，每√为1M。其他在括号内填写投入金额数，产品研发如：P2（4）。

3. 利润表（第四年）

序号	项目	数据来源及计算公式	上年数	本年数
1	销售收入	见产品核算统计表		
2	减：直接成本	见产品核算统计表		
3	毛利	3 = 1 − 2		
4	减：综合费用	见综合管理费用表		
5	折旧前利润	5 = 3 − 4		
6	减：折旧	见盘面综合费用处		
7	支付利息前利润	7 = 5 − 6		
8	减：财务支出（利息）	见盘面：利息 = 利息 + 贴息		
9	减/加：其他支出/收入	根据实际记录：±		
10	税前利润	10 = 7 − 8 ±9		
11	减：所得税（应交税金）	11 = 10 × 0.25（向下取整）		
12	净利润（年度净利）	14 = 10 − 11		

注：1. 其他收入/支出：向其他企业卖/买产品，高于成本的数记于此。
2. 税前利润为负数时不计所得税，下表中"所有者权益合计"未达到 66 时也不计算所得税。

4. 资产负债表（第四年）

资产	期初数	期末数	负债和所有者权益	期初数	期末数
流动资产：			负债：		
1. 现金			1. 长期负债		
2. 应收款			2. 短期负债		
3. 在制品			3. 应付账款		
4. 成品			4. 应交税金		
5. 原料			5. 一年内到期的长期负债		
6. 流动资产合计			6. 负债合计		
固定资产：			所有者权益：		
7. 土地和建筑			7. 股东资本		
8. 机器与设备			8. 利润留存（上年 8 + 9）		
9. 在建工程			9. 年度净利		
10. 固定资产合计			10. 所有者权益合计		
11. 资产总计			11. 负债和所有者权益总计		

注：1. 应交税金 = 利润表（上表）所得税；2. 当年利润留存 = 上年利润留存 + 上年年度净利；3. 年度净利 = 利润表（上表）净利润。

生产经理经营情况表（第四年）

1	季度 Q	一季度 1Q				二季度 2Q				三季度 3Q				四季度 4Q			
2	季初生产线上在制品盘点（个）	P1	P2	P3	P4	P1	P2	P3	P4	P1	P2	P3	P4	P1	P2	P3	P4
3	季初库存原材料盘点（个）	R1	R2	R3	R4	R1	R2	R3	R4	R1	R2	R3	R4	R1	R2	R3	R4
4	本季原材料入库（个）购买数量																

续表

5	紧急采购/个（价格：1×2）														
6	更新原料订单：个/移动 R3，R4 空桶														
7	更新生产/完工产品入库 移动生产线上的产品，生产线类型：手、半、全、柔；空格内写产品如 P1，并填入 P1 在生产线所处的季度 Q 的位置。季末状态	线号	类型	1Q	2Q	3Q	1Q	2Q	3Q	1Q	2Q	3Q	1Q	2Q	3Q
		1	手												
		2	手												
		3	手												
		4	半												
		5													
		6													
		7													
		8													
		9													
		10													
8	开始下一批生产	产品		P1	P2	P3	P4	P1	P2	P3	P4	P1	P2	P3	P4
		上线产品（个）													
		加工费（个）													
9	下原料订单（个/放置空桶）	原料		R1	R2	R3	R4	R1	R2	R3	R4	R1	R2	R3	R4
		订购数量（个）													
10	本季下线成品	产品		P1	P2	P3	P4	P1	P2	P3	P4	P1	P2	P3	P4
		数量（个）													
11	本季末生产线上在制品（个）														
12	新建/在建/转产/变卖生产线（填金额数；投产转记到第 7 栏）季末状态	线号	类型	1Q	2Q	3Q	4Q	1Q	2Q	3Q	4Q	1Q	2Q	3Q	4Q
13	测算明年生产线生产能力（个）	扣除在制品数		P1：个		P2：		P3：个		P4：个					
14	季末原料结存	原料	R1	R2	R3	R4	R1	R2	R3	R4	R1	R2	R3	R4	
		数量（个）													
15	季末原材料订单结存空桶数	位置：3Q, 2Q, 1Q													
		数量（个）													
16	支付设备维护费（年底支付）	生产线编号	1	2	3	4	5	6	7	8	9	10	合计	折旧费提取	
		维修费（个）												手1M/年 半2M/年	
17	生产线计提折旧（年末）	提取金额（个）											（　　）	全3M/年 柔4M/年	
		生产线余净值											（　　）	提到残值数停提取	

供应经理经营情况表（第四年）

1	季度 Q			一季度1Q				二季度2Q				三季度3Q				四季度4Q			
2	季初盘点	库存	产品	P1	P2	P3	P4	P1	P2	P3	P4	P1	P2	P3	P4	P1	P2	P3	P4
			数量（个）																
3		在制品	数量（个）																
4		原材料	原料	R1	R2	R3	R4	R1	R2	R3	R4	R1	R2	R3	R4	R1	R2	R3	R4
			数量（个）																
5	原材料入库（个）																		
6	紧急采购/个（价格：1×2）																		
7	更新原料订单：个/移动R3，R4空桶																		
8	更新生产/完工产品入库 移动生产线上的产品，生产线类型有：手、半、全、柔；空格内写产品如P1，并填入P1在生产线所处的季度Q时间的位置。季末状态	线号	类型	1Q	2Q	3Q		1Q	2Q	3Q		1Q	2Q	3Q		1Q	2Q	3Q	
		1																	
		2																	
		3																	
		4																	
		5																	
		6																	
		7																	
		8																	
		9																	
		10																	
9	入库产品		产品	P1	P2	P3	P4	P1	P2	P3	P4	P1	P2	P3	P4	P1	P2	P3	P4
			数量（个）																
10	开始下一批生产		数量（个）																
			加工费（金额）																
11	空余生产线数量、线号			条： 号：				条： 号：				条： 号：				条： 号：			
12	下原料订单提前放空桶		原料	R1	R2	R3	R4	R1	R2	R3	R4	R1	R2	R3	R4	R1	R2	R3	R4
			订货数量（个）																
13	原料订货总数（含途中订单处）																		
14	季末原料盘存（个）		季初库存																
15			本季入库																
16			原料上线																
17			季末库存																
18	季末产品盘存（个）		产品	P1	P2	P3	P4	P1	P2	P3	P4	P1	P2	P3	P4	P1	P2	P3	P4
19			季初库存																
20			在制品																
21			成品入库																
22			成品出库																
23			季末库存																
24	单位产品原料构成规则（个）			P1：R1				P2：R2+R3				P3：R1+R3+R4				P4：R2+R3+2R4			
25	原料提前订货期规则（季度）			P1：1Q				P2：1Q				P3：2Q				P4：2Q			

项目六　企业经营模拟沙盘第五年经营

任务1　第五年的经营环境情况分析

【知识目标】
※掌握企业经营模拟手工沙盘第五年的经营环境情况。
【能力目标】
※能根据企业第五年的经营环境情况对第五年的经营做出规划。
【任务分析】
※对模拟企业第五年的经营环境情况进行分析。
【实训时间】
※实训时间：0.5学时。
【实训指导】

实训项目单（6-1）

所属系部：			编制人：			编制日期：		年　月　日
课程名称	企业管理沙盘	项目名称	企业经营模拟手工沙盘第五年的经营	任务名称	第五年的经营环境情况分析	任务编号	6-1	
实训对象		实训地点		实训学时	0.5	参考教材		
实训目的	掌握模拟企业第五年的经营环境情况； 能根据企业第五年的经营环境情况对第五年的经营做出规划。							
内容（实训设备与工具、方法、步骤、要求或考核标准等） 一、实训设备与工具准备 参考资料与耗材准备： 1. 教材 2. 企业经营表格 二、教学组织要求（编组要求、指导教师数及指导要求等） 1. 6~7位同学编为一个学习小组 2. 小组人员各施其责 3. 责任明确，分工与合作相结合							

续表

三、实训内容与步骤
（一）实训内容：
对模拟企业第五年的经营环境情况进行分析
（二）步骤
1. 老师讲授第五年的经营环境情况
2. 学生分组召开年度规划会议进行讨论，对第五年的经营做出规划
四、考核标准
1. 按实训有关考核项目进行过程考核60%，结果考核40%
2. 小组成员自评实训成绩
3. 老师综合考评

第五年　化战略为行动

平衡记分卡管理

企业好像一棵树。

果实好比财务；枝叶好比市场；树干好比流程；

而根则是学习和创新能力。

要叶茂、果多，长期收获，

必须培养强壮的树干和根系；

但很多人却无视这一点。

沙盘企业

| 财务绩效 | ROA | ROE | 销售指标 | 利润增长率 |

| 客户和市场 | 销售额比例 | 各市场保持 | 各市场售额比例 | 用户满意度 |

| 内部流程管理 | ISO9000投入 | ISO14000投入 | 各市场开拓 | 研发及时率 |
| | 采购订货及时率 | 融资及时率 | 生产及时率 | 按时交单 |

| 学习和成长 | 财务预算与实际差异改进 | 岗位成本绩效能力提升 | 团队合作能力提升 | 现金流控制能力提升 |

沙盘企业

财务：ROA　ROE　销售指标　利润增长率

客户和市场：销售额比例　各市场保持　各市场售额比例　客户满意度

内部流程管理：9000投入　14000投入　市场开拓　按时交单率　研发及时率　生产及时率　采购订货及时率　融资及时率　现金流控制合理

学习和能力成长：财务预算与实际差异改进　岗位成本绩效能力提升　团队合作能力提升　现金流控制能力提升

任务2　完成企业经营模拟沙盘第五年经营

【知识目标】

※掌握模拟公司的运营流程，运用各种方法，模拟公司第五年的运营。

【能力目标】

※能掌握企业经营中战略规划的方法。

【任务分析】

※完成企业沙盘第五年的经营。

【实训时间】

※实训时间：2.5 学时。

【实训指导】

实训项目单（6-2）

所属系部：				编制人：		编制日期：	年 月 日
课程名称	企业管理沙盘	项目名称	企业经营模拟手工沙盘第五年的经营	任务名称	完成企业经营模拟手工沙盘第五年经营	任务编号	6-2
实训对象		实训地点		实训学时	2.5	参考教材	
实训目的	掌握模拟公司的运营流程，运用各种方法，模拟公司第五年的运营；能掌握企业经营中战略规划的方法。							

内容（实训设备与工具、方法、步骤、要求或考核标准等）
一、实训设备与工具准备
参考资料与耗材准备：
1. 教材
2. 企业经营报表
3. 用友 ERP 手工沙盘；沙盘课程工具 V41
二、教学组织要求（编组要求、指导教师数及指导要求等）
1. 6~7 位同学编为一个学习小组
2. 小组人员各施其责
3. 责任明确，分工与合作相结合
三、实训内容与步骤
（一）实训内容：
1. 根据提供数据进行市场预测
2. 运用各种方法进行企业决策
3. 根据规则进行模拟公司第五年的运营
（二）步骤
1. 老师运用"沙盘课程工具 V41" Excel 表格进行第 1 年的广告费登记和组织订单选择
2. 学生分组进行模拟公司的第五年运营，老师分组进行过程指导，解决遇到的问题
3. 学生经营完成后填写好经营报表，老师检查，在"沙盘课程工具 V41" Excel 文件中录入相关的报表
4. 老师分析各组第五年的经营情况
四、考核标准
1. 按实训有关考核项目进行过程考核60%，结果考核40%
2. 小组成员自评实训成绩
3. 老师综合考评

CEO 总经理经营表格

（第 五 年）

序号	企业经营流程 请按顺序执行下列各项操作。	空格内：填经营过程中收入、支出（红色）的金额数字 其他填符号：√——已进行了的工作　×——未进行的工作			
1	新年度规划会议				
2	参加订货会/登记销售订单（填当年广告费数额并从现金支付）				
3	制订新年度计划				

续表

序号	企业经营流程 请按顺序执行下列各项操作。	空格内：填经营过程中收入、支出（红色）的金额数字 其他填符号：√——已进行了的工作　×——未进行的工作					
4	支付应付税金（填写上年应付税金数额并从现金支付）						
5	申请长期贷款/更新长期贷款/还本/支付长期贷款利息						
6	季初现金盘点（余额＝去年现金－广告费－税金±长贷本息）						
7	申请短期贷款/更新短期贷款/还本付息						
8	原材料入库/更新原料订单/原材料紧急采购（填写买原料金额）						
9	更新生产/完工入库（生产线在制品向下一季度移动，下线成品入库）						
10	开始下一批生产（向空生产线上产品原料，并记录投入的加工费）						
11	下原料订单（用空桶放在需买原料的订单提前期Q处）						
12	投资新生产线/变卖生产线/生产线转产（记录投入金额数）						
13	更新应收款/应收款收现（移动应收款/记录到期应收款数额）						
14	出售厂房（出售厂房的资金放到应收款的四期4Q处）						
15	向其他企业购买成品/出售成品（记录买/卖成交的实际价格）						
16	按订单交货（根据库存与订单把产品卖到老师处，0期写金额）						
17	产品研发投资（记录投资开发P2/P3/P4投入的金额）						
18	支付行政管理费（每季度1M）						
19	其他现金收支情况登记（未交订单总金额20%的罚款/贴息记于此）						
20	支付设备维护费（每条生产线1M/年）						
21	支付厂房租金/购买厂房						
22	计提折旧（每条生产线购买价1/5，剩到残值时停止提取）					( ) 0	
23	新市场开拓（记录投资本地/区域/国内/亚洲/国际市场金额）						
24	ISO资格认证投资（记录投资开发ISO9000/ISO14000的金额）						
25	结账（本栏内空格打√，说明已进行了年终算账）						
26	本季现金收入合计（第1季度不含广告、税金、长期贷款数）						
27	本季现金支出合计（注：折旧不计入第4季度现金支出）						
28	期末现金对账（填写余额，与盘面余额一致）						

销售经理经营表格
（第　五　年）
1. 订单登记表

序号	订单号								
1	市场								
2	产品								
3	数量								
4	账期Q								
5	销售额								
6	成本								
7	毛利								
8	未售								

注：毛利＝销售额－成本。单位产品成本：P1＝2，P2＝3，P3＝4，P4＝5。

2. 产品核算统计表

序号	产品	P1	P2	P3	P4	合计
1	数量					
2	销售额					
3	成本					
4	毛利					

注：毛利 = 销售额 - 成本。单位产品成本：P1 = 2，P2 = 3，P3 = 4，P4 = 5。

3. 销售经理经营情况表接单

	产品	P1	P2	P3	P4	合计	产品开发	1Q	2Q	3Q	4Q	合计
接单能力（个）	期初库存						P1 费用					
	在制品						P2 费用					
	生产能力						P3 费用					
	小计						P4 费用					

								本地				ISO9000	
广告投入金额（年）	本地						市场开发费用（年）	区域		质量认证开发费用（年）			
	区域							国内					
	国内							亚洲				ISO14000	
	亚洲							国际					
	国际							小计					
	小计												

	可接产品								向其他企业购买/出售产品记录（±）					
	计划/实际	计	实	计	实	计	实	计	实	实际	产品	第　季度 Q		第　季度 Q		合计	
竞单记录（个）												数量	金额	数量	金额	数量	金额
	本地										P1						
	区域										P2						
	国内										P3						
	亚洲										P4						
	国际										小计						
	小计																

	1/2 季度	库存	入库	出售	结存	1 季度销售额	库存	入库	出售	结存	第 2 季度销售额
季末产品入库及销售记录（个）	P1										
	P2										
	P3										
	P4										
	合计										
本年销售总额（ ）	3/4 季度	库存	入库	出售	结存	3 季度销售额	库存	入库	出售	结存	第 4 季度销售额
	P1										
	P2										
	P3										
	P4										
	合计										

续表

年底盘存明年销售数量测算	产品	P1	P2	P3	P4	合计	1. 库存：仓库年底未销售的所余产品。 2. 在制品：生产线上的产品。 3. 生产能力：扣除生产线已有的产品，还能生产产品的数量。 4. 广告投标时，请仔细参考市场预测图。
	库存						
	在制品						
	生产能力						
	合计						

财务总监经营表格

1. 现金收支记录表（第五年）

序号	季度 Q 项目	1 收/支	1 结存	2 收/支	2 结存	3 收/支	3 结存	4 收/支	4 结存
1	期初库存现金								
2	本年市场广告投入								
3	支付上年应交税金								
4	（更新长期贷款）填金额	FY1（　）		FY2（　）		FY3（　）		FY4（　）	FY5（　）
5	申请/归还长期贷款								
6	支付长期贷款利息								
7	季初现金盘点								
8	申请/归还短期贷款								
9	支付短期贷款利息								
10	（更新短期贷款）填金额 季度Q / 金额	1 2 3 4		1 2 3 4		1 2 3 4		1 2 3 4	
11	原料采购支付现金								
12	开始下一批生产加工费								
13	生产线投资/卖生产线								
14	生产线转产费用								
15	（更新应收款）填移动金额数 季度Q / 金额	1 2 3 4		1 2 3 4		1 2 3 4		1 2 3 4	
16	应收款收现（写移出数）								
17	出售厂房								
18	向其他企业买/卖产品								
19	支付产品研发投资								
20	支付管理费用								
21	贴现现金收现								
22	贴息利息								
23	其他收支（订单罚款20%）								
24	支付设备维护费用								
25	支付厂房租金								
26	购买新厂房								
27	计提折旧								（　）
28	市场开拓投资								
29	ISO认证投资								

续表

序号	季度 Q 项目	1 收/支	1 结存	2 收/支	2 结存	3 收/支	3 结存	4 收/支	4 结存
30	本季现金收入合计								
31	本季现金支出合计								
32	本季结存现金余额								
33	本年销售收入：	利润：		资产：			所有者权益：		

2. 综合管理费用明细表（第五年） 单位：M

序号	项目	金额	备注
1	管理费		（与盘面灰币数量一致）
2	广告费		（与盘面灰币数量一致）
3	维修费		（与盘面灰币数量一致）
4	租金		（与盘面灰币数量一致）
5	转产费		（与盘面灰币数量一致）
6	市场准入开拓		□区域　　□国内　　□亚洲　　□国际
7	ISO 资格认证		ISO9000（　）　　ISO14000（　）
8	产品研发		P2（　）　　P3（　）　　P4（　）
9	其他		同盘面一致。向其他企业购买产品高于成本的数记于此
10	合计		(10 = 1 + 2 + 3 + 4 + 5 + 6 + 7 + 8 + 9)

注：在市场准入开拓在□内打√，每√为1M。其他在括号内填写投入金额数，产品研发如：P2（4）。

3. 利润表（第五年）

序号	项目	数据来源及计算公式	上年数	本年数
1	销售收入	见产品核算统计表		
2	减：直接成本	见产品核算统计表		
3	毛利	3 = 1 − 2		
4	减：综合费用	见综合管理费用表		
5	折旧前利润	5 = 3 − 4		
6	减：折旧	见盘面综合费用处		
7	支付利息前利润	7 = 5 − 6		
8	减：财务支出（利息）	见盘面：利息 = 利息 + 贴息		
9	减/加：其他支出/收入	根据实际记录：±		
10	税前利润	10 = 7 − 8 ± 9		
11	减：所得税（应交税金）	11 = 10 × 0.25（向下取整）		
12	净利润（年度净利）	12 = 10 − 11		

注：1. 其他收入/支出：向其他企业卖/买产品，高于成本的数记于此。
2. 税前利润为负数时不计所得税，下表中"所有者权益合计"未达到66时也不计算所得税。

4. 资产负债表（第五年）

资产	期初数	期末数	负债和所有者权益	期初数	期末数
流动资产：			负债：		
1. 现金			1. 长期负债		
2. 应收款			2. 短期负债		
3. 在制品			3. 应付账款		
4. 成品			4. 应交税金		
5. 原料			5. 一年内到期的长期负债		
6. 流动资产合计			6. 负债合计		
固定资产：			所有者权益：		
7. 土地和建筑			7. 股东资本		
8. 机器与设备			8. 利润留存（上年8＋9）		
9. 在建工程			9. 年度净利		
10. 固定资产合计			10. 所有者权益合计		
11. 资产总计			11. 负债和所有者权益总计		

注：1. 应交税金＝利润表（上表）所得税；2. 当年利润留存＝上年利润留存＋上年年度净利；3. 年度净利＝利润表（上表）净利润。

生产经理经营情况表（第五年）

1	季度Q	一季度1Q				二季度2Q				三季度3Q				四季度4Q			
		P1	P2	P3	P4	P1	P2	P3	P4	P1	P2	P3	P4	P1	P2	P3	P4
2	季初生产线上在制品盘点（个）																
		R1	R2	R3	R4	R1	R2	R3	R4	R1	R2	R3	R4	R1	R2	R3	R4
3	季初库存原材料盘点（个）																
4	本季原材料入库（个）购买数量																
5	紧急采购/个（价格：1×2）																
6	更新原料订单：个/移动R3，R4空桶																

7 更新生产/完工产品入库移动生产线上的产品，生产线类型：手、半、全、柔；空格内写产品如P1，并填入P1在生产线所处的季度Q的位置。季末状态	线号	类型	1Q	2Q	3Q	1Q	2Q	3Q	1Q	2Q	3Q	1Q	2Q	3Q
	1	手												
	2	手												
	3	手												
	4	半												
	5													
	6													
	7													
	8													
	9													
	10													

续表

8	开始下一批生产	产品	P1	P2	P3	P4	P1	P2	P3	P4	P1	P2	P3	P4	P1	P2	P3	P4
		上线产品（个）																
		加工费（个）																
9	下原料订单 （个/放置空桶）	原料	R1	R2	R3	R4	R1	R2	R3	R4	R1	R2	R3	R4	R1	R2	R3	R4
		订购数量（个）																
10	本季下线成品	产品	P1	P2	P3	P4	P1	P2	P3	P4	P1	P2	P3	P4	P1	P2	P3	P4
		数量（个）																
11	本季末生产线上在制品（个）																		
12	新建/在建/转产/变卖生产线（填金额数；投产转记到第7栏）季末状态	线号	类型	1Q	2Q	3Q	4Q	1Q	2Q	3Q	4Q	1Q	2Q	3Q	4Q	1Q	2Q	3Q	4Q
13	测算明年生产线生产能力（个）		扣除在制品数		P1：　个			P2：　个				P3：　个		P4：　个					
14	季末原料结存	原料	R1	R2	R3	R4	R1	R2	R3	R4	R1	R2	R3	R4	R1	R2	R3	R4
		数量（个）																
15	季末原材料订单结存空桶数	位置：3Q，2Q，1Q																	
		数量（个）																
16	支付设备维护费（年底支付）	生产线编号	1	2	3	4	5	6	7	8	9	10	合计		折旧费提取				
		维修费（个）													手1M/年 半2M/年 全3M/年 柔4M/年 提到残值数停提取				
17	生产线计提折旧（年末）	提取金额（个）											（　）						
		生产线余净值											（　）						

供应经理经营情况表（第五年）

1	季度 Q		一季度 1Q				二季度 2Q				三季度 3Q				四季度 4Q			
2	季初盘点	产品	P1	P2	P3	P4	P1	P2	P3	P4	P1	P2	P3	P4	P1	P2	P3	P4
		库存 数量（个）																
3		在制品 数量（个）																
4		原材料	原料	R1	R2	R3	R4	R1	R2	R3	R4	R1	R2	R3	R4	R1	R2	R3	R4
			数量（个）																
5	原材料入库（个）																		
6	紧急采购/个（价格：1×2）																		
7	更新原料订单：个/移动R3R4空桶																		

续表

		线号	类型	1Q	2Q	3Q	1Q	2Q	3Q	1Q	2Q	3Q	1Q	2Q	3Q
8	更新生产/完工产品入库 移动生产线上的产品,生产线类型有:手、半、全、柔;空格内写产品如P1,并填入P1在生产线所处的季度Q时间的位置。季末状态	1													
		2													
		3													
		4													
		5													
		6													
		7													
		8													
		9													
		10													
9	入库产品	产品		P1	P2	P3	P4	P1	P2	P3	P4	P1	P2	P3	P4
		数量(个)													
10	开始下一批生产	数量(个)													
		加工费(金额)													
11	空余生产线数量、线号			条: 号:			条: 号:			条: 号:			条: 号:		
12	下原料订单提前放空桶	原料		R1	R2	R3	R4	R1	R2	R3	R4	R1	R2	R3	R4
		订货数量(个)													
13	原料订货总数(含途中订单处)														
14	季末原料盘存(个)	季初库存													
15		本季入库													
16		原料上线													
17		季末库存													
18	季末产品盘存(个)	产品		P1	P2	P3	P4	P1	P2	P3	P4	P1	P2	P3	P4
19		季初库存													
20		在制品													
21		成品入库													
22		成品出库													
23		季末库存													
24	单位产品原料构成规则(个)			P1:R1			P2:R2+R3			P3:R1+R3+R4			P4:R2+R3+2R4		
25	原料提前订货期规则(季度)			P1:1Q			P2:1Q			P3:2Q			P4:2Q		

项目七　企业经营模拟沙盘
第六年经营

任务1　第六年的经营环境情况分析

【知识目标】
※掌握企业经营模拟手工沙盘第六年的经营环境情况。
【能力目标】
※能根据企业第六年的经营环境情况对第六年的经营做出规划。
【任务分析】
※对模拟企业第六年的经营环境情况进行分析。
【实训时间】
※实训时间：0.5学时。
【实训指导】

实训项目单（7-1）

所属系部：　　　　　　　　　编制人：　　　　　　　编制日期：　　年　月　日

课程名称	企业管理沙盘	项目名称	企业经营模拟手工沙盘第六年的经营	任务名称	第六年的经营环境情况分析	任务编号	7-1
实训对象		实训地点		实训学时	0.5	参考教材	
实训目的	掌握模拟企业第五年的经营环境情况； 能根据企业第五年的经营环境情况对第五年的经营做出规划。							
内容（实训设备与工具、方法、步骤、要求或考核标准等） 一、实训设备与工具准备 参考资料与耗材准备： 1. 教材 2. 企业经营表格 二、教学组织要求（编组要求、指导教师数及指导要求等） 1. 6~7位同学编为一个学习小组							

续表

2. 小组人员各施其责 3. 责任明确，分工与合作相结合 三、实训内容与步骤 （一）实训内容： 对模拟企业第六年的经营环境情况进行分析 （二）步骤 1. 老师讲授第六年的经营环境情况 2. 学生分组召开年度规划会议进行讨论，对第六年的经营做出规划 四、考核标准 1. 按实训有关考核项目进行过程考核60％，结果考核40％ 2. 小组成员自评实训成绩 3. 老师综合考评

第六年　企业信息化管理

1. 企业经营成败的关键是什么？

企业管理驾驶舱能不能犯一个"小错误"！！！

2. 科学的经营决策需要什么做支撑？

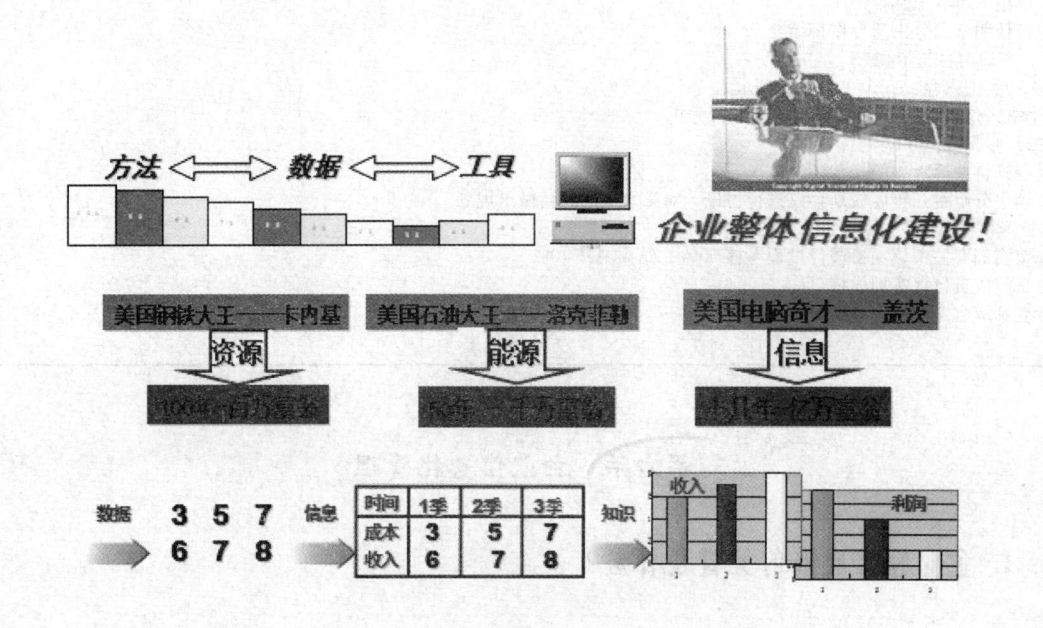

方法 ⇔ 数据 ⇔ 工具

企业整体信息化建设！

美国钢铁大王——卡内基 → 资源 → 100年一百万富翁
美国石油大王——洛克菲勒 → 能源 → 50年一千万富翁
美国电脑奇才——盖茨 → 信息 → 十几年亿万富翁

数据 3 5 7
     6 7 8

时间	1季	2季	3季
成本	3	5	7
收入	6	7	8

信息 → 知识 （收入、利润图表）

3. 管理为什么需要——信息化

内部管理混乱
凭证满天飞　报表一大堆
一家一个数　责任相推诿
决策无依据　老总难指挥

业务相互脱节
业务流程割裂　产供销不协调
财务业务脱节　财务数据滞后
信息孤岛严重　会议低效协调

经营运作困难　管理效率低下

财务风险增加
资金回笼困难
成本居高不下

市场机遇丢失
资金变紧张了
利润被吞蚀了

缺乏实时、动态、准确的信息支持决策、计划、控制

4. 手工管理——难以解决的问题

信息不及时　市场难分析
信息不共享　数据难统一
信息不通畅　业务难协调
管理不规范　责任难分清

能力吃不饱　任务吃不了
生产不均衡　效率难提高
库存数量大　短缺不配套
成本失控制　盈亏难知道

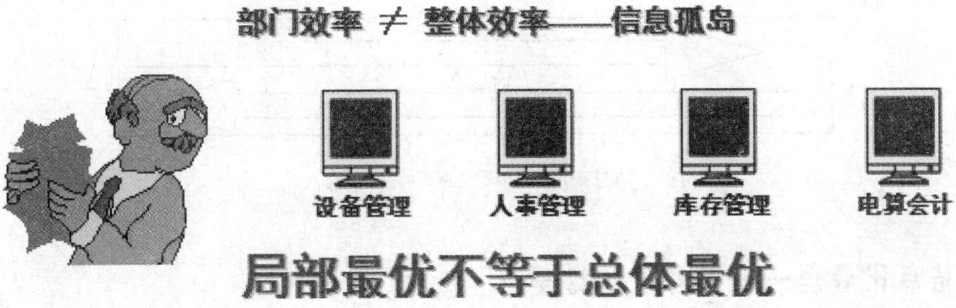

部门效率 ≠ 整体效率——信息孤岛

设备管理　人事管理　库存管理　电算会计

局部最优不等于总体最优

5. 信息集成——信息化管理的必要特点

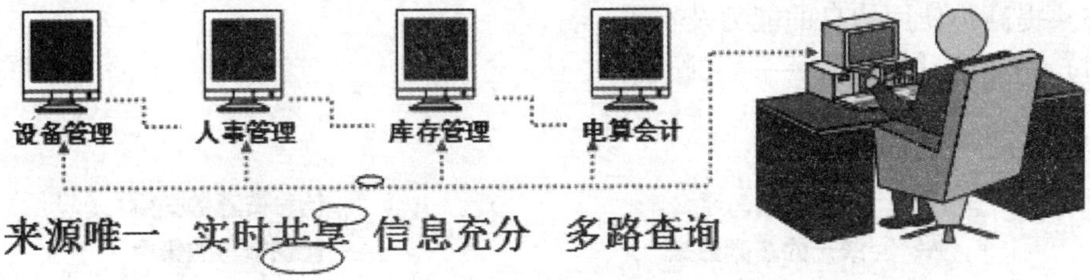

设备管理　人事管理　库存管理　电算会计

来源唯一　实时共享　信息充分　多路查询

通则不痛
不通则痛

信息化管理的核心理念

1. 经营信息透明化
2. 业务流程可视化
3. 员工动作标准化

管理规范化
流程合理化
工作效率化
管理扁平化
决策数据化

6. 企业物流、信息流、资金流的集成

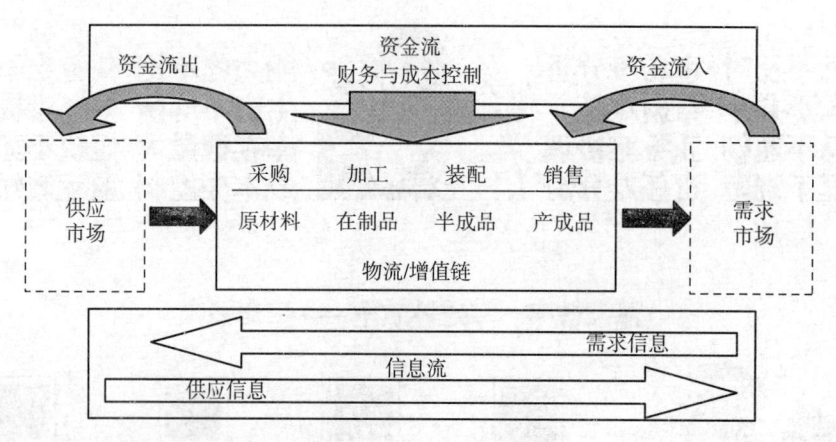

```
    资金流出         资金流              资金流入
               财务与成本控制

┌──────┐    ┌─────────────────────────────┐    ┌──────┐
│      │    │ 采购   加工    装配   销售  │    │      │
│ 供应 │ ─▶ │ 原材料 在制品  半成品 产成品│ ─▶ │ 需求 │
│ 市场 │    │                             │    │ 市场 │
│      │    │        物流/增值链          │    │      │
└──────┘    └─────────────────────────────┘    └──────┘

        ◀──────────────────────────────────
                    需求信息
                    信息流
                    供应信息
        ──────────────────────────────────▶
```

信息集成　形成一体　整体绩效

7. 信息化管理——提升企业竞争力

如果要提升你企业的竞争力？你必须从根本上彻底改变你的企业。
（1）改变过去手工管理业务的习惯
（2）把企业的流程无缝的连接起来
（3）提高你使用信息的能力及水平
（4）企业信息化成功——关键因素

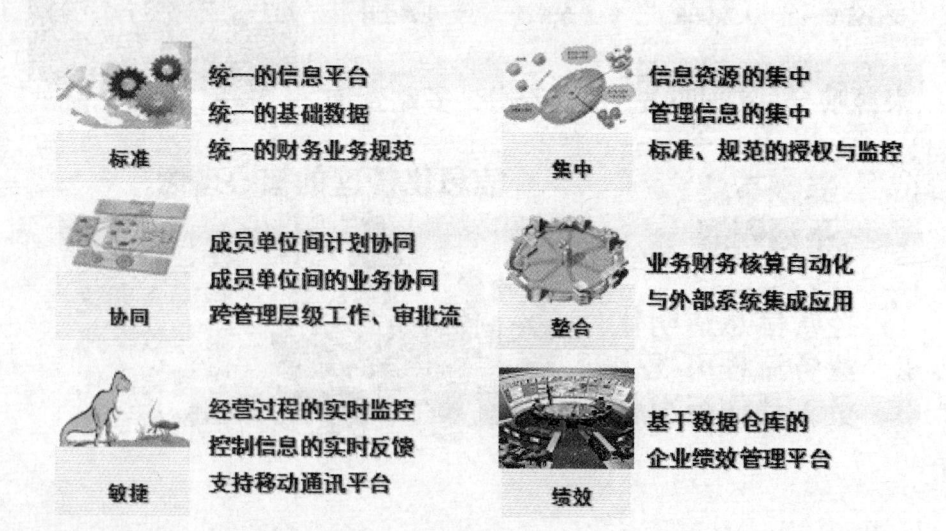

标准	统一的信息平台 统一的基础数据 统一的财务业务规范	**集中**	信息资源的集中 管理信息的集中 标准、规范的授权与监控
协同	成员单位间计划协同 成员单位间的业务协同 跨管理层级工作、审批流	**整合**	业务财务核算自动化 与外部系统集成应用
敏捷	经营过程的实时监控 控制信息的实时反馈 支持移动通讯平台	**绩效**	基于数据仓库的 企业绩效管理平台

8. 信息化——推动企业管理进步

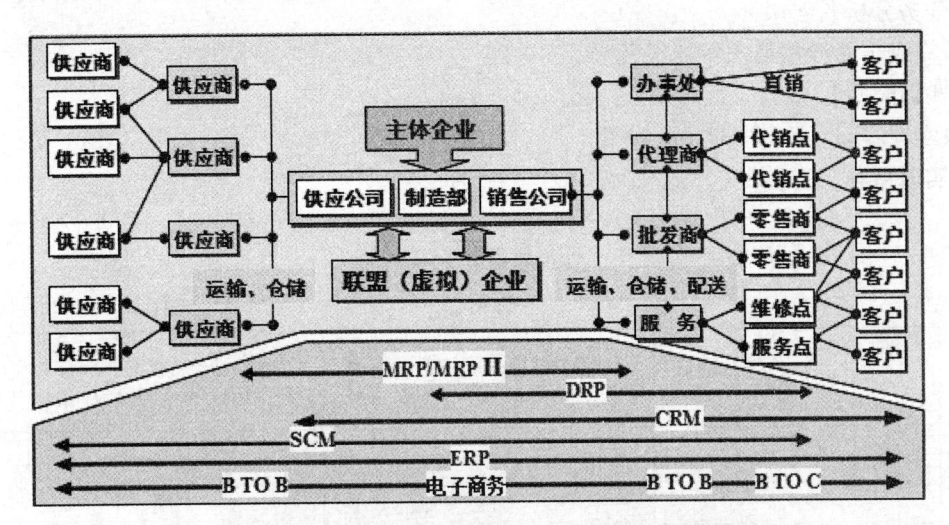

今后的竞争是 供需链 对 供需链 的竞争

9. 供需链管理——信息技术的应用

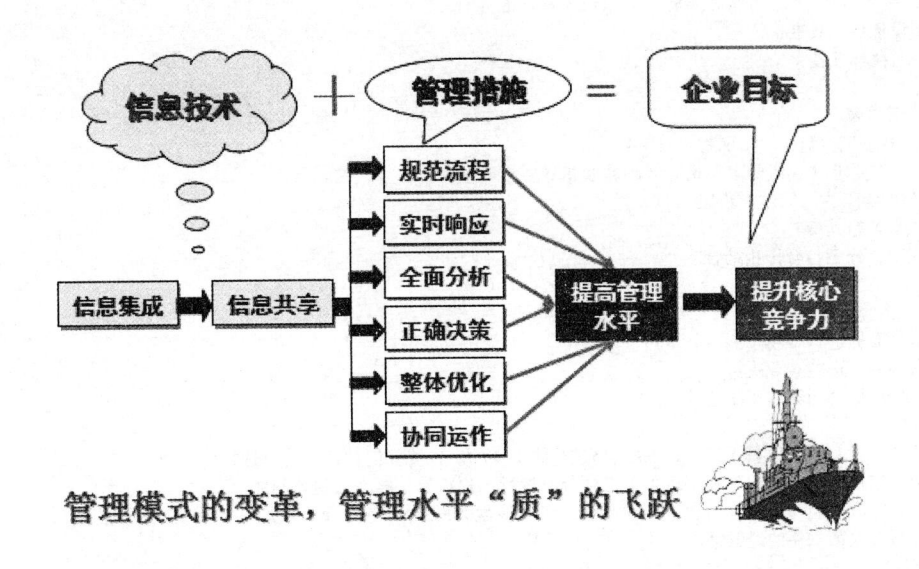

管理模式的变革，管理水平"质"的飞跃

任务2　完成企业经营模拟沙盘第六年经营

【知识目标】

※掌握模拟公司的运营流程，运用各种方法，模拟公司第六年的运营。

【能力目标】

※能掌握企业经营中信息化管理的方法。

【任务分析】

※完成企业沙盘第六年的经营。

【实训时间】

※实训时间：2.5 学时。

【实训指导】

实训项目单（7-2）

所属系部：　　　　　　　　编制人：　　　　　　　　编制日期：　　年　月　日

课程名称	企业管理沙盘	项目名称	企业经营模拟手工沙盘第六年的经营	任务名称	完成企业经营模拟手工沙盘第六年经营	任务编号	7-2
实训对象		实训地点		实训学时	2.5	参考教材	
实训目的	掌握模拟公司的运营流程，运用各种方法，模拟公司第六年的运营；能掌握企业经营中信息化管理的方法。							

内容（实训设备与工具、方法、步骤、要求或考核标准等）
一、实训设备与工具准备
参考资料与耗材准备：
1. 教材
2. 企业经营报表
3. 用友 ERP 手工沙盘；沙盘课程工具 V41
二、教学组织要求（编组要求、指导教师数及指导要求等）
1. 6~7 位同学编为一个学习小组
2. 小组人员各施其责
3. 责任明确，分工与合作相结合
三、实训内容与步骤
（一）实训内容：
1. 根据提供数据进行市场预测
2. 运用各种方法进行企业决策
3. 根据规则模拟公司第六年的运营
（二）步骤
1. 老师运用"沙盘课程工具 V41" Excel 表格进行第 1 年的广告费登记和组织订单选择
2. 学生分组进行模拟公司的第六年运营，老师分组进行过程指导，解决遇到的问题
3. 学生经营完成后填写好经营报表，老师检查，在"沙盘课程工具 V41" Excel 文件中录入相关的报表
4. 老师分析各组第六年的经营情况
四、考核标准
1. 按实训有关考核项目进行过程考核 60%，结果考核 40%
2. 小组成员自评实训成绩
3. 老师综合考评

CEO 总经理经营表格
（第 六 年）

序号	企业经营流程 请按顺序执行下列各项操作。	空格内：填经营过程中收入、支出（红色）的金额数字 其他填符号：√——已进行了的工作　×——未进行的工作				
1	新年度规划会议					
2	参加订货会/登记销售订单（填当年广告费数额并从现金支付）					
3	制定新年度计划					
4	支付应付税金（填写上年应付税金数额并从现金支付）					
5	申请长期贷款/更新长期贷款/还本/支付长期贷款利息					
6	季初现金盘点（余额＝去年现金－广告费－税金±长贷本息）					
7	申请短期贷款/更新短期贷款/还本付息					
8	原材料入库/更新原料订单/原材料紧急采购（填写买原料金额数）					
9	更新生产/完工入库（生产线在制品向下一季度移动，下线成品入库）					
10	开始下一批生产（向空生产线上产品原料，并记录投入的加工费）					
11	下原料订单（用空桶放在需买原料的订单提前期 Q 处）					
12	投资新生产线/变卖生产线/生产线转产（记录投入金额数）					
13	更新应收款/应收款收现（移动应收款/记录到期应收款数额）					
14	出售厂房（出售厂房的资金放到应收款的四期4Q处）					
15	向其他企业购买成品/出售成品（记录买/卖成交的实际价格）					
16	按订单交货（根据库存与订单把产品卖到老师处，0 期写金额）					
17	产品研发投资（记录投资开发 P2/P3/P4 投入的金额）					
18	支付行政管理费（每季度1M）					
19	其他现金收支情况登记（未交订单总金额20%的罚款/贴息记于此）					
20	支付设备维护费（每条生产线1M/年）					
21	支付厂房租金/购买厂房					
22	计提折旧（每条生产线购买价1/5，剩到残值时停止提取）					( ) 0
23	新市场开拓（记录投资本地/区域/国内/亚洲/国际市场金额）					
24	ISO 资格认证投资（记录投资开发 ISO9000/ISO14000 的金额）					
25	结账（本栏内空格打√，说明已进行了年终算账）					
26	本季现金收入合计（第1季度不含广告、税金、长期贷款数）					
27	本季现金支出合计（注：折旧不计入第4季度现金支出）					
28	期末现金对账（填写余额，与盘面余额一致）					

销售经理经营表格
（第 六 年）

1. 订单登记表

序号	订单号									
1	市场									
2	产品									
3	数量									
4	账期 Q									
5	销售额									
6	成本									
7	毛利									
8	未售									

注：毛利 = 销售额 - 成本。单位产品成本：P1 = 2，P2 = 3，P3 = 4，P4 = 5。

2. 产品核算统计表

序号	产品	P1	P2	P3	P4	合计
1	数量					
2	销售额					
3	成本					
4	毛利					

注：毛利 = 销售额 - 成本。单位产品成本：P1 = 2，P2 = 3，P3 = 4，P4 = 5。

3. 销售经理经营情况表

	产品	P1	P2	P3	P4	合计	产品开发	1Q	2Q	3Q	4Q	合计
接单能力（个）	期初库存						P1 费用					
	在制品						P2 费用					
	生产能力						P3 费用					
	小计						P4 费用					

								本地		ISO9000	
广告投入金额（年）	本地						市场开发费用（年）	区域		质量认证开发费用（年）	
	区域							国内			
	国内							亚洲		ISO14000	
	亚洲							国际			
	国际							小计			
	小计										

	可接产品							向其他企业购买/出售产品记录（±）				
	计划/实际	计	实	计	实	计	实	计	实	实际	产品	第 季度 Q	第 季度 Q	合计
竞单记录（个）	本地											数量	金额	数量	金额	数量	金额
	区域										P1						
	国内										P2						
	亚洲										P3						
	国际										P4						
	小计										小计						

续表

	1/2 季度	库存	入库	出售	结存	1 季度销售额	库存	入库	出售	结存	第 2 季度销售额
季末产品入库及销售记录（个）本年销售总额（ ）	P1										
	P2										
	P3										
	P4										
	合计										
	3/4 季度	库存	入库	出售	结存	3 季度销售额	库存	入库	出售	结存	第 4 季度销售额
	P1										
	P2										
	P3										
	P4										
	合计										

	产品	P1	P2	P3	P4	合计	1. 库存：仓库年底未销售的所余产品。 2. 在制品：生产线上的产品。 3. 生产能力：扣除生产线已有的产品，还能生产产品的数量。 4. 广告投标时，请仔细参考市场预测图。
年底盘存明年销售数量测算	库存						
	在制品						
	生产能力						
	合计						

财务总监经营表格

1. 现金收支记录表（第六年）

序号	季度 Q 项目	1 收/支	1 结存	2 收/支	2 结存	3 收/支	3 结存	4 收/支	4 结存
1	期初库存现金								
2	本年市场广告投入								
3	支付上年应交税金								
4	（更新长期贷款）填金额	FY1（ ）	FY2（ ）	FY3（ ）	FY4（ ）	FY5（ ）			
5	申请/归还长期贷款								
6	支付长期贷款利息								
7	季初现金盘点								
8	申请/归还短期贷款								
9	支付短期贷款利息								
10	（更新短期贷款）填金额 季度Q / 金额	1 2 3 4		1 2 3 4		1 2 3 4		1 2 3 4	
11	原料采购支付现金								
12	开始下一批生产加工费								
13	生产线投资/卖生产线								
14	生产线转产费用								
15	（更新应收款）填移动金额数 季度Q / 金额	1 2 3 4		1 2 3 4		1 2 3 4		1 2 3 4	
16	应收款收现（写移出数）								
17	出售厂房								

续表

序号	季度 Q	1		2		3		4	
	项目	收/支	结存	收/支	结存	收/支	结存	收/支	结存
18	向其他企业买/卖产品								
19	支付产品研发投资								
20	支付管理费用								
21	贴现现金收现								
22	贴息利息								
23	其他收支（订单罚款20%）								
24	支付设备维护费用								
25	支付厂房租金								
26	购买新厂房								
27	计提折旧							(	)
28	市场开拓投资								
29	ISO 认证投资								
30	本季现金收入合计								
31	本季现金支出合计								
32	本季结存现金余额								
33	本年销售收入：	利润：		资产：		所有者权益：			

2. 综合管理费用明细表（第六年） 单位：M

序号	项目	金额	备注
1	管理费		（与盘面灰币数量一致）
2	广告费		（与盘面灰币数量一致）
3	维修费		（与盘面灰币数量一致）
4	租金		（与盘面灰币数量一致）
5	转产费		（与盘面灰币数量一致）
6	市场准入开拓		□区域　□国内　□亚洲　□国际
7	ISO 资格认证		ISO9000（　）　　ISO14000（　）
8	产品研发		P2（　）　P3（　）　P4（　）
9	其他		同盘面一致。向其他企业购买产品高于成本的数记于此
10	合计		(10 = 1 + 2 + 3 + 4 + 5 + 6 + 7 + 8 + 9)

注：在市场准入开拓在□内打√，每√为1M。其他在括号内填写投入金额数，产品研发如：P2（4）。

3. 利润表（第六年）

序号	项目	数据来源及计算公式	上年数	本年数
1	销售收入	见产品核算统计表		
2	减：直接成本	见产品核算统计表		
3	毛利	3 = 1 - 2		
4	减：综合费用	见综合管理费用表		
5	折旧前利润	5 = 3 - 4		
6	减：折旧	见盘面综合费用处		

续表

序号	项目	数据来源及计算公式	上年数	本年数
7	支付利息前利润	7 = 5 − 6		
8	减：财务支出（利息）	见盘面：利息 = 利息 + 贴息		
9	减/加：其他支出/收入	根据实际记录：±		
10	税前利润	10 = 7 − 8 ± 9		
11	减：所得税（应交税金）	11 = 10 × 0.25（向下取整）		
12	净利润（年度净利）	14 = 10 − 11		

注：1. 其他收入/支出：向其他企业卖/买产品，高于成本的数记于此。
2. 税前利润为负数时不计所得税，下表中"所有者权益合计"未达到 66 时也不计算所得税。

4. 资产负债表（第六年）

资产	期初数	期末数	负债和所有者权益	期初数	期末数
流动资产：			负债：		
1. 现金			1. 长期负债		
2. 应收款			2. 短期负债		
3. 在制品			3. 应付账款		
4. 成品			4. 应交税金		
5. 原料			5. 一年内到期的长期负债		
6. 流动资产合计			6. 负债合计		
固定资产：			所有者权益：		
7. 土地和建筑			7. 股东资本		
8. 机器与设备			8. 利润留存（上年 8 + 9）		
9. 在建工程			9. 年度净利		
10. 固定资产合计			10. 所有者权益合计		
11. 资产总计			11. 负债和所有者权益总计		

注：1. 应交税金 = 利润表（上表）所得税。
2. 当年利润留存 = 上年利润留存 + 上年年度净利。
3. 年度净利 = 利润表（上表）净利润。

生产经理经营情况表（第六年）

1	季度 Q	一季度 1Q				二季度 2Q				三季度 3Q				四季度 4Q			
		P1	P2	P3	P4	P1	P2	P3	P4	P1	P2	P3	P4	P1	P2	P3	P4
2	季初生产线上在制品盘点（个）																
		R1	R2	R3	R4	R1	R2	R3	R4	R1	R2	R3	R4	R1	R2	R3	R4
3	季初库存原材料盘点（个）																
4	本季原材料入库（个）购买数量																
5	紧急采购/个（价格：1 × 2）																
6	更新原料订单：个/移动 R3, R4 空桶																

续表

		线号	类型	1Q	2Q	3Q	1Q	2Q	3Q	1Q	2Q	3Q	1Q	2Q	3Q
7	更新生产/完工产品入库移动生产线上的产品,生产线类型:手、半、全、柔;空格内写产品如P1,并填入P1在生产线所处的季度Q的位置。季末状态	1	手												
		2	手												
		3	手												
		4	半												
		5													
		6													
		7													
		8													
		9													
		10													
8	开始下一批生产	产品		P1	P2	P3	P4	P1	P2	P3	P4	P1	P2	P3	P4
		上线产品(个)													
		加工费(个)													
9	下原料订单(个/放置空桶)	原料		R1	R2	R3	R4	R1	R2	R3	R4	R1	R2	R3	R4
		订购数量(个)													
10	本季下线成品	产品		P1	P2	P3	P4	P1	P2	P3	P4	P1	P2	P3	P4
		数量(个)													
11	本季末生产线上在制品(个)														
12	新建/在建/转产/变卖生产线(填金额数;投产转记到第7栏)季末状态	线号	类型	1Q	2Q	3Q	4Q	1Q	2Q	3Q	4Q	1Q	2Q	3Q	4Q
13	测算明年生产线生产能力(个)			扣除在制品数		P1: 个			P2: 个			P3: 个	P4: 个		
14	季末原料结存	原料		R1	R2	R3	R4	R1	R2	R3	R4	R1	R2	R3	R4
		数量(个)													
15	季末原材料订单结存空桶数	位置:3Q,2Q,1Q													
		数量(个)													
16	支付设备维护费(年底支付)	生产线编号	1	2	3	4	5	6	7	8	9	10	合计	折旧费提取	
		维修费(个)												手1M/年 半2M/年 全3M/年 柔4M/年 提到残值数停提取	
17	生产线计提折旧(年末)	提取金额(个)											( )		
		生产线余净值											( )		

供应经理经营情况表（第六年）

1	季度 Q			一季度 1Q				二季度 2Q				三季度 3Q				四季度 4Q			
2	季初盘点	产品		P1	P2	P3	P4	P1	P2	P3	P4	P1	P2	P3	P4	P1	P2	P3	P4
		库存	数量（个）																
3		在制品	数量（个）																
4		原材料	原料	R1	R2	R3	R4	R1	R2	R3	R4	R1	R2	R3	R4	R1	R2	R3	R4
			数量（个）																
5	原材料入库（个）																		
6	紧急采购/个（价格：1×2）																		
7	更新原料订单：个/移动 R3R4 空桶																		
8	更新生产/完工产品入库 移动生产线上的产品，生产线类型有：手、半、全、柔；空格内写产品如 P1，并填入 P1 在生产线所处的季度 Q 时间的位置。季末状态	线号	类型	1Q	2Q	3Q		1Q	2Q	3Q		1Q	2Q	3Q		1Q	2Q	3Q	
		1																	
		2																	
		3																	
		4																	
		5																	
		6																	
		7																	
		8																	
		9																	
		10																	
9	入库产品	产品		P1	P2	P3	P4	P1	P2	P3	P4	P1	P2	P3	P4	P1	P2	P3	P4
		数量（个）																	
10	开始下一批生产	数量（个）																	
		加工费（金额）																	
11	空余生产线数量、线号			条：号：				条：号：				条：号：				条：号：			
12	下原料订单提前放空桶	原料		R1	R2	R3	R4	R1	R2	R3	R4	R1	R2	R3	R4	R1	R2	R3	R4
		订货数量（个）																	
13	原料订货总数（含途中订单处）																		
14	季末原料盘存（个）	季初库存																	
15		本季入库																	
16		原料上线																	
17		季末库存																	
18	季末产品盘存（个）	产品		P1	P2	P3	P4	P1	P2	P3	P4	P1	P2	P3	P4	P1	P2	P3	P4
19		季初库存																	
20		在制品																	
21		成品入库																	
22		成品出库																	
23		季末库存																	
24	单位产品原料构成规则（个）			P1：R1				P2：R2 + R3				P3：R1 + R3 + R4				P4：R2 + R3 +2R4			
25	原料提前订货期规则（季度）			P1：1Q				P2：1Q				P3：2Q				P4：2Q			

项目八　模拟企业管理分析

任务1　模拟企业战略分析

【知识目标】
※了解 SWOT 的特点、内容和适用范围。
※掌握 SWOT 工具在企业战略规划中的应用。

【能力目标】
※能在企业沙盘中实际运用 SWOT 分析法。

【任务分析】
※分析企业自身优劣情况和外部的环境是一个非常重要的环节。
※运用 SWOT 分析方法，可以对模拟企业进行全面、系统、准确的分析，根据研究结果制定相应的发展战略、计划及对策等。

【实训时间】
※实训时间：0.5 学时。

【实训指导】

实训项目单（8-1）

所属系部：　　　　　　　　　　编制人：　　　　　　　　　编制日期：　　年　月　日

课程名称	企业经营管理沙盘实训	项目名称	沙盘的概述、沙盘规则讲解、起始年经营	任务名称	沙盘的概述	任务编号	8-1
实训对象		实训地点		实训学时	0.5	参考教材	
实训目的	了解 SWOT 的特点、内容和适用范围。 掌握 SWOT 工具在企业战略规划中的应用。							
内容（实训设备与工具、方法、步骤、要求或考核标准等） 一、实训设备与工具准备 参考资料与耗材准备： 1. 教材 2. 企业经营报表 二、教学组织要求（编组要求、指导教师数及指导要求等） 6~7 位同学编为一个学习小组 三、实训内容与步骤 （一）实训内容： 1. 了解 SWOT 的特点、内容和适用范围 2. 掌握 SWOT 工具在企业战略规划中的应用							

续表

（二）步骤 1. 老师讲授 SWOT 的特点、内容和适用范围 SWOT 工具在企业战略规划中的应用 2. 学生分组讨论，明确项目任务，制订项目实施计划 四、考核标准 1. 按实训有关考核项目进行过程考核 60%，结果考核 40% 2. 小组成员自评实训成绩 3. 老师综合考评

1. SWOT 分析方法

SWOT 分析法又称态势分析法，是在 20 世纪 80 年代初由旧金山大学的管理学教授提出来的，它是一种能够较客观而准确地分析和研究一个单位现实情况的方法。其中包括战略内部因素（"能够做的"）：S 代表 strength（优势），W 代表 weakness（劣势）；外部因素（"可能做的"）：O 代表 opportunity（机会），T 代表 threat（威胁）。

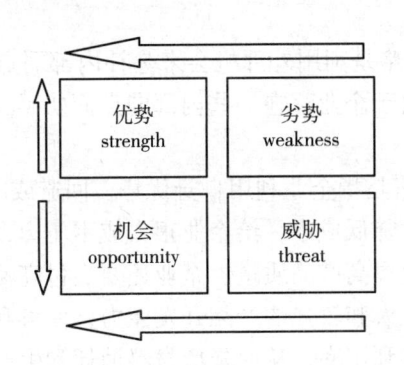

```
        ←──────────
    ┌─────────┬─────────┐
  ↕ │ 优势    │ 劣势    │
    │ strength│ weakness│
    ├─────────┼─────────┤
  ↕ │ 机会    │ 威胁    │
    │opportunity│ threat│
    └─────────┴─────────┘
        ──────────→
```

2. SWOT 分析的具体内容

优势（S）是组织机构的内部因素，具体包括：有利的竞争态势；良好的财务资源；良好的企业形象；技术力量；规模经济；产品质量；市场份额；成本优势；广告攻势等。

劣势（W）是指在竞争中相对弱势的方面。也是组织机构的内部因素，具体包括：设备老化；管理混乱；研究开发落后；资金短缺；经营不善；产品积压；竞争力差等。

机会（O）是组织机构的外部因素，具体包括：新产品；新市场；新需求；市场壁垒解除；竞争对手失误等。

威胁（T）也是组织机构的外部因素，具体包括：新的竞争对手；替代产品增多；市场紧缩；行业政策变化；经济衰退；客户偏好改变；突发事件等。

3. SWOT 分析结果

SWOT 分析法可以作为选择和制定战略的方法，通过分析，它可能提供四种战略，即 SO 战略、WO 战略、ST 战略、WT 战略如下图所示。这四种战略都表示企业所处的战略态势,它们为企业制定具体战略提供了重要的依据。

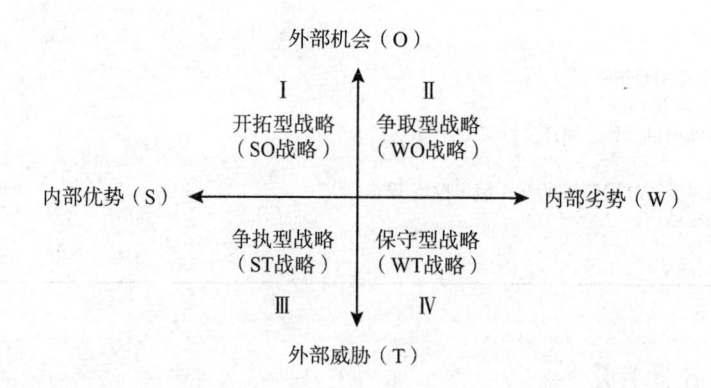

```
                        外部机会(O)
                            ↑
                    Ⅰ       │      Ⅱ
                开拓型战略    │   争取型战略
                (SO战略)    │   (WO战略)
                            │
    内部优势(S) ←───────────┼───────────→ 内部劣势(W)
                            │
                争执型战略    │   保守型战略
                (ST战略)    │   (WT战略)
                    Ⅲ       │      Ⅳ
                            ↓
                        外部威胁(T)
```

优势——机会(SO)战略是一种发展企业内部优势与利用外部机会的战略,是一种理想的战略模式。当企业具有特定方面的优势,而外部环境又为发挥这种优势提供有利机会时,可以采取该战略。例如良好的产品市场前景、供应商规模扩大和竞争对手有财务危机等外部条件,配以企业市场份额提高等内在优势可成为企业收购竞争对手、扩大生产规模的有利条件。

弱点——机会(WO)战略是利用外部机会来弥补内部弱点,使企业改劣势而获取优势的战略。存在外部机会,但由于企业存在一些内部弱点而妨碍其利用机会,可采取措施先克服这些弱点。

优势——威胁(ST)战略是指企业利用自身优势,回避或减轻外部威胁所造成的影响。如竞争对手利用新技术大幅度降低成本,给企业很大成本压力;同时材料供应紧张,其价格可能上涨;消费者要求大幅度提高产品质量;企业还要支付高额环保成本等等,但若企业拥有充足的现金、熟练的技术工人和较强的产品开发能力,便可利用这些优势开发新工艺,简化生产工艺过程,提高原材料利用率,从而降低材料消耗和生产成本。另外,开发新技术产品也是企业可选择的战略。新技术、新材料和新工艺的开发与应用是最具潜力的成本降低措施,同时它可提高产品质量,从而回避外部威胁影响。

弱点——威胁(WT)战略是一种旨在减少内部弱点,回避外部环境威胁的防御性技术。当企业存在内忧外患时,往往面临生存危机,降低成本也许成为改变劣势的主要措施。

任务2 模拟企业营销管理分析

【知识目标】
※掌握市场分析和定位的基本方法。
※掌握市场开拓的影响因素。
※掌握广告投放的主要考虑因素。
※掌握订单选择考虑的主要因素。

【能力目标】

※能依据市场调查结果对各市场进行分析。

※能根据企业战略选择合适的市场进行开拓并合理安排市场开拓进度。

【任务分析】

※进行市场调研并分析市场。

※进行市场定位并开拓新的市场。

※制定企业营销策略。

※获取市场订单。

【实训时间】

※实训时间：0.5学时。

【实训指导】

实训项目单（8-2）

所属系部：			编制人：		编制日期：		年 月 日
课程名称	企业经营管理沙盘实训	项目名称	沙盘的概述、沙盘规则讲解、起始年经营	任务名称	模拟企业营销管理分析	任务编号	8-2
实训对象		实训地点		实训学时	0.5	参考教材	
实训目的	掌握市场分析和定位的基本方法； 掌握市场开拓的影响因素； 掌握广告投放的主要考虑因素； 掌握订单选择考虑的主要因素。						

内容（实训设备与工具、方法、步骤、要求或考核标准等）
一、实训设备与工具准备
参考资料与耗材准备：
1. 教材
2. 企业经营报表
二、教学组织要求（编组要求、指导教师数及指导要求等）
6~7位同学编为一个学习小组
三、实训内容与步骤
（一）实训内容：
1. 进行市场调研并分析市场
2. 进行市场定位并开拓新的市场
3. 制定企业营销策略
4. 获取市场订单
（二）步骤
1. 老师讲授
　　1）市场分析和定位的基本方法
　　2）市场开拓的影响因素
　　3）广告投放的主要考虑因素
　　4）订单选择考虑的主要因素
2. 学生分组讨论，明确项目任务，制订项目实施计划
四、考核标准
1. 按实训有关考核项目进行过程考核60%，结果考核40%
2. 小组成员自评实训成绩
3. 老师综合考评

1. 市场分析

在沙盘实训过程中只需要根据给出的市场预测图表进行市场分析。
附：市场预测图

本地市场P系列产品需求量预测

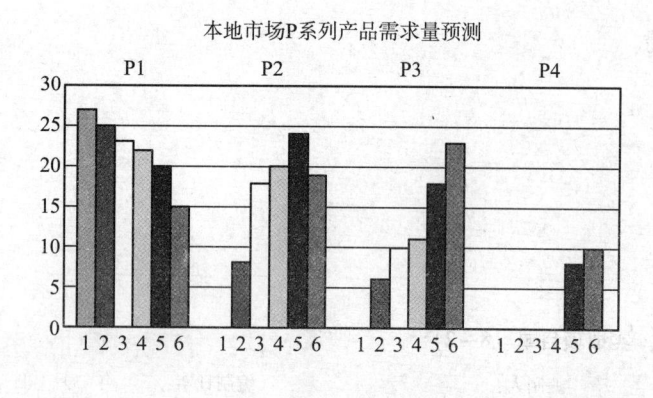

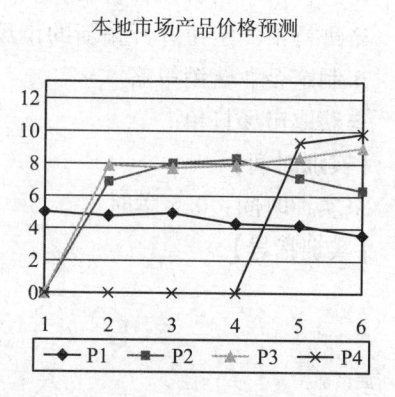

本地市场产品价格预测

本地市场将会持续发展，对低端产品的需求可能要下滑，伴随着需求的减少，低端产品的价格很有可能走低。后几年，随着高端产品的成熟，市场对P3、P4产品的需求将会逐渐增大。由于客户对质量意识的不断提高，后几年可能对产品的ISO9000和ISO14000认证有更多的需求。

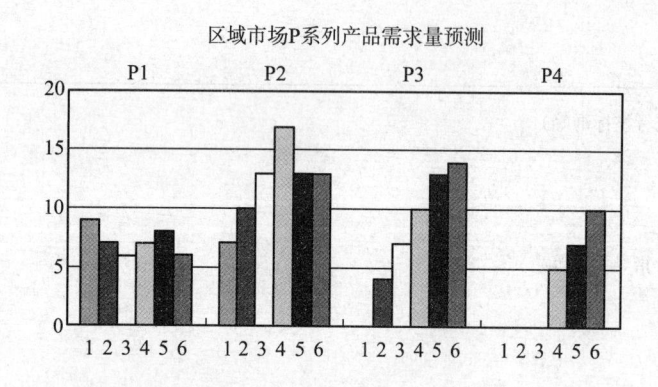

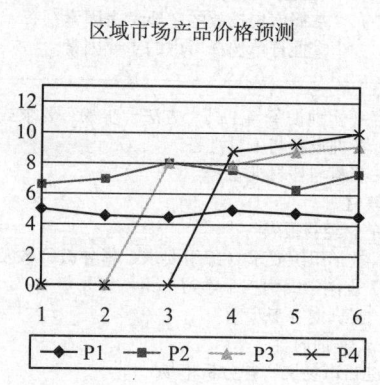

区域市场P系列产品需求量预测

区域市场产品价格预测

区域市场的客户相对稳定，对P系列产品需求的变化很有可能比较平稳。因紧邻本地市场，所以产品需求量的走势可能与本地市场相似，价格趋势也应大致一样。该市场容量有限，对高端产品的需求也可能相对较小，但客户会对产品的ISO9000和ISO14000认证有较高的要求。

因P1产品带有较浓的地域色彩，估计国内市场对P1产品不会有持久的需求。但P2产品因更适合于国内市场，估计需求一直比较平稳。随着对P系列产品的逐渐认同，估计对P3产品的需求会发展较快。但对P4产品的的需求就不一定像P3产品那样旺盛了。当然，对高价值的产品来说，客户一定会更注重产品的质量认证。

国内市场P系列产品需求量预测

国内市场产品价格预测

亚洲市场P系列产品需求量预测

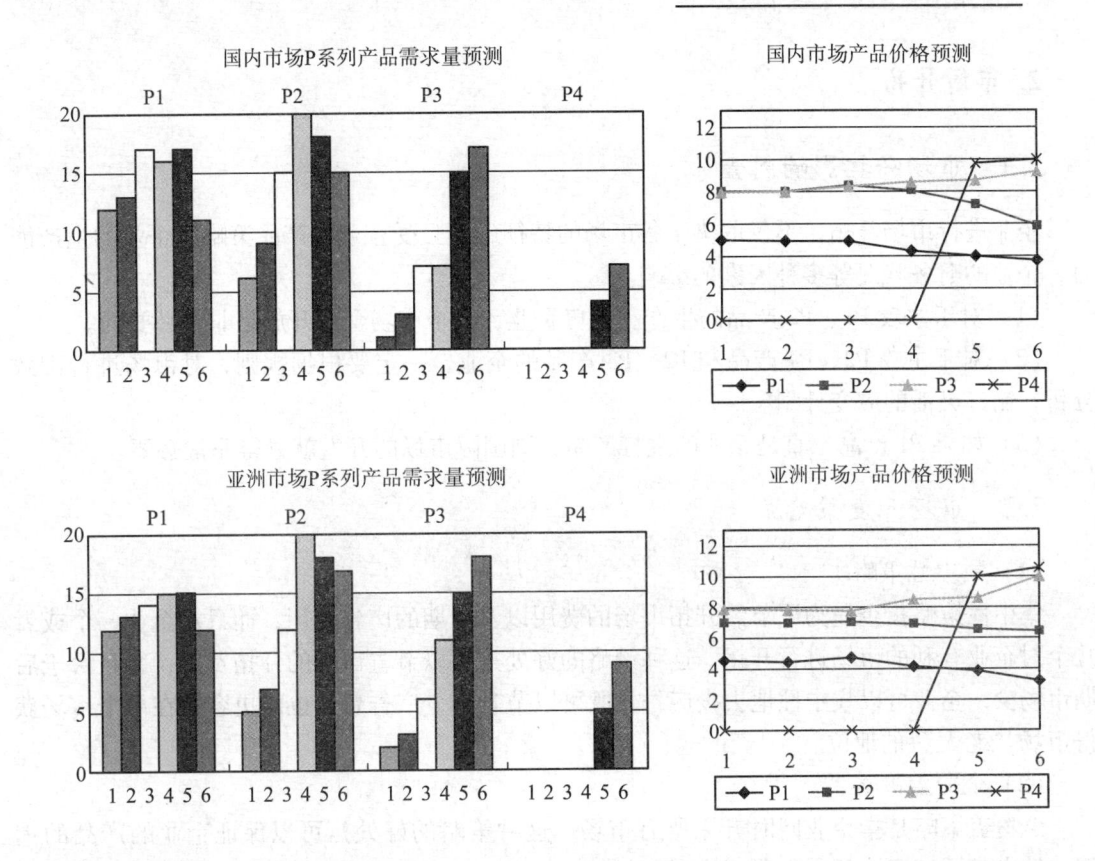

亚洲市场产品价格预测

这个市场一向波动较大，所以对P1产品的需求可能起伏较大，估计对P2产品的需求走势与P1相似。但该市场对新产品很敏感，因此估计对P3、P4产品的需求量会发展较快，价格也可能不菲。另外，这个市场的消费者很看重产品的质量，所以没有ISO9000和ISO14000认证的产品可能很难销售。

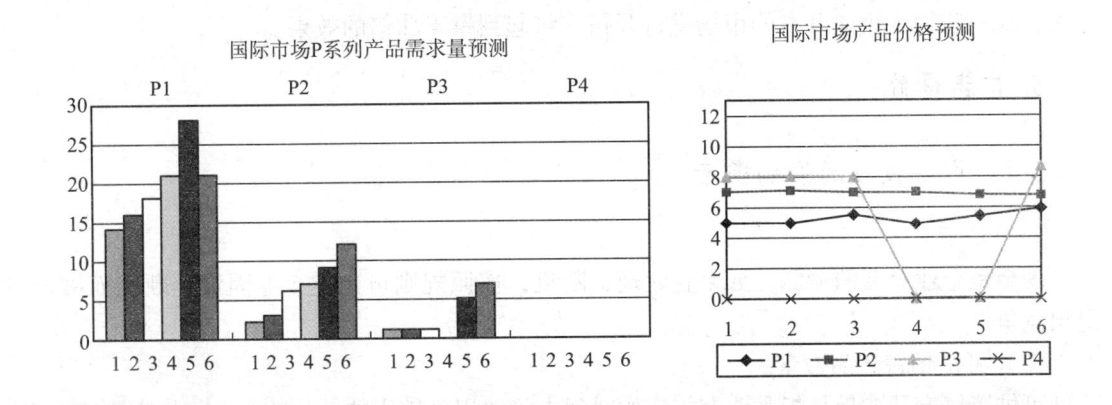

国际市场P系列产品需求量预测

国际市场产品价格预测

P系列产品进入国际市场可能需要一个较长的时期。有迹象表明，对P1产品已经有所认同，但还需要一段时间才能被市场接受。同样，对P2、P3和P4产品也会很谨慎的接受，从而需求发展较慢。当然，国际市场的客户也会关注具有ISO认证的产品。

2. 市场开拓

2.1 市场开拓影响因素

企业进行市场开拓，不仅取决于各市场的特征，而且受企业的产品策略、企业的生产能力、企业的财务状况等多种因素的影响。

（1）对于主攻 P1、P2 产品的生产和销售企业，五个市场全部开放是非常必要的。

（2）对于主攻 P2、P4 产品和 P2、P3 产品的企业，一定要根据规则，对市场进行细致分析，制订灵活的应变计划。

（3）如果 P1 产品一直是企业的主打产品，则国际市场的开发就显得非常必要。

2.2 市场开发策略

（1）集中性策略。

集中性策略指企业为了节约开拓市场的费用以及后期的广告费用，而只对企业一个或者几个对企业有利的市场进行开拓。这种策略的好处是可以节省市场的开拓费用，并且由于后期市场少，企业可以集中性地去投广告，既可以节省不少广告费，也能更容易在单个市场获得市场"老大"的地位。

（2）全覆盖策略。

全覆盖策略是指企业同时开拓所有市场。这种策略的好处是可以保证企业的产品的销售，缺点是开拓费用和广告费用过高。

（3）补缺策略。

补缺策略是基于市场竞争对手的一种策略。在企业着手开发新市场之前，该市场可能已有先导者，在企业考虑是否开发的同时，周围也存在很多潜在竞争者，如果企业一味强行开发，面对强劲竞争对手，就会导致企业耗费很多不必要的精力和财力。如果企业能够避开竞争者，找一些较少企业开发的市场进行开拓，将起到事半功倍的效果。

3. 广告投放

3.1 广告投放的影响因素

（1）现金。

现金是企业经营的命脉，如果企业现金断流，按照规则可判定企业因资金断流而破产，退出竞争。

（2）可供销售产品数量。

可供销售产品数量是指企业在指定的时间内能够用来销售的产品数量，包括生产能力和库存产品以及外购的产品。

$$\boxed{全年最大可销售量} = \boxed{期初库存} + \boxed{全年生产能力} + \boxed{外购产品}$$

（3）利润空间。

利润空间应考虑到企业销售毛利扣除广告费后的最大利润。投放广告的上限是利润空间要大于或等于0。

$$企业广告投放的上限 = 营业收入 - 营业成本$$

（4）市场供求情况。

市场的供求情况是指市场总需求和总供给的对比情况，是供不应求还是供过于求或者是供求平衡。

（5）竞争对手。

在企业经营沙盘中，竞争非常激烈。所以，必须分析竞争对手的产量、市场开拓等情况。

3.2 广告投放策略分析

（1）大额广告策略。

按照规则，市场"老大"可以先选单。为争夺市场领导者地位，多取得有利订单，参与模拟竞争的队伍往往在进入某新市场时，对该市场投入大额广告费，争取市场"老大"地位，以求达到先发制人、遏制竞争对手的目的。

（2）小额广告策略。

与大额广告战略相反，小额广告战略的广告投入和产出比最大，但是竞争到的订单少，容易造成产品积压，发展相对较缓慢。

（3）大额借款，高广告策略。

在第一年借入大额长期借款，以备以后各年投放高额广告费用，避免出现因高额广告费而出现资金断流。理由是以后二、三年权益值急剧下降，很难再贷款。这种战略缺点是需要承担高额的利息支出，权益也会下降得更快，操作不慎，容易造成权益值小于0而导致破产。

3.3 广告投放效果分析

广告投放效果分析就是对广告投入的成本同广告收益的对比分析。目前通常用来分析广告效果的指标是广告投入产出比和广告毛利率。其计算公式为：

$$广告投入产出比 = 销售收入/广告费用$$
$$广告毛利率 = 销售毛利/广告费用$$

4. 订单选择

综合考虑订单的数量、销售单价、应收账期等因素选择合理的订单。

任务3 模拟企业生产运营分析

【知识目标】

※ 了解生产计划的内容及重要性。
※ 了解原材料采购计划的内容及重要性。
※ 了解估算生产能力的含义及重要性。

【能力目标】
※能制订合理的生产计划。
※能制订合理的原材料采购计划。
※能正确估算及调整生产能力。

【任务分析】
※制订合理的生产计划。
※制订合理的原材料采购计划。
※正确估算及调整生产能力。

【实训时间】
※实训时间：0.5学时。

【实训指导】

1. 制订生产计划

根据销售计划，制订相配套的生产计划。

（1）计划新建合理的生产线，包括手工生产线、半自动生产线、全自动生产线和柔性生产线。

（2）计划淘汰更新旧的生产线，采用现代化的生产线（全自动生产线和柔性生产线）。

（3）计划用何种生产线生产何种产品。

2. 原材料采购计划

根据生产计划，制订原材料采购计划。应注意以下两点：

（1）制订采购计划，及时下达原材料订单，避免停工待料及紧急采购损失。

（2）避免大量采购原材料占用企业资金导致企业资金断流。

3. 估算生产能力

年初已建好生产线的生产能力如下：

（1）手工生产线："在制品"在第1、2生产周期的情况下，生产能力为0（不含"在制品"）；"在制品"在第3生产周期的情况下，生产能力为1（不含"在制品"）。

（2）半自动生产线：生产能力为1（不含"在制品"）。

（3）全自动/柔性生产线：生产能力为3（不含"在制品"）。

☆注意要考虑半自动线和全自动线需要进行转产时，需要消耗转产周期，生产能力应独立计算。

任务4　模拟企业财务管理分析

【知识目标】
※了解财务预算的概念及方法。
※了解筹资管理的概念及方法。

※了解运营资金（现金）管理的概念及方法。

【能力目标】

※能进行合理的财务预算。

※能运用各种筹资方法。

※能合理进行现金管理。

【任务分析】

※制订合理的财务预算。

※运用各种筹资方法筹集资金。

※管理好现金，避免现金断流。

【实训时间】

※实训时间：0.5学时。

【实训指导】

1. 编制财务预算

现金预算表

单位：M

时期 项目	1Q	2Q	3Q	4Q
支付广告费	−16	0	0	0
采购原材料	−2	−5	−5	−4
更新生产	−2	−3	−2	−4
投资新生产线	−5	−5	−5	−5
借短期贷款	60	0	0	0
借长期贷款	0	0	0	0
应收款变现收入	0	24	18	52
产品研发	−2	−2	−2	−2
管理费	−1	−1	−1	−1
维护费	0	0	0	−5
长期贷款利息	−4	0	0	0
ISO	0	0	0	−3
开拓市场	0	0	0	−1
还短贷本息	0	0	0	0
收入小计	60	24	18	52
支出小计	−32	−16	−15	−25
明年初需要偿还的长/短贷和利息	−67			
期初现金	40			
收入合计	154			
支出合计	−155			
期末现金	39			

2. 筹资管理

筹资有长期贷款、短期贷款、高利贷和应收款贴现等方法。

（1）长期贷款，即贷款期超过 1 年的贷款，最多可为 5 年期。优点是短期不需还款。缺点是利率高，年息为 10%。一般可用于购置生产线等长期投资项目。

（2）短期贷款，即贷款期在 1 年以内的贷款。利率低，年息为 5%。但一年内必须偿还，还款压力大，进行合理计划，在每个季度初贷款，用来及时满足资金需求，避免资金断流。

（3）高利贷，贷款期短，利率高，不建议使用。

（4）应收款贴现，可以随时操作，支付一定的贴现利息，及时将应收款变现，提高资金流动效率。另外，如果想避免大额的贴现利息，可以在选单的时候，尽量选择账期短的订单。

3. 现金管理

（1）建立财务控制制度，即现金只能由财务经理操作，其他经理不得插手。

（2）现金预算控制，即财务经理根据预算，严格控制现金流量。

（3）应收账款控制，可进行应收账款账龄分析，合理预计到账时间，避免不必要的贴现费用。

（4）固定资产控制，不盲目出售厂房和生产线，合理的购建新的生产线。

（5）成本控制，严格控制生产过程中的成本，避免不必要的紧急采购。合理利用生产线增加的当年不用提折旧，但要交维修费的规则，在适当的季度进行生产线的开发。

（6）风险控制，举债经营，可以钱生钱，但需支付利息，应控制筹资风险，避免成本过高，导致资不抵债，企业破产。

企业经营模拟手工沙盘

总经理（CEO）营运手册

20____~20____年第____学期第____周

起 止 时 间_____

指 导 老 师_____

专 业 班 级_____

组　　　　别_____

总经理（CEO）_____

财 务 经 理_____

组　　　　员_____

起始年（本表由 CEO 填写和指挥操作）

序号	企业经营流程 请按顺序执行下列各项操作。	空格内：填经营过程中收入、支出（红色）的金额数字 其他填符号：√——已进行了的工作　×——未进行的工作				
1	新年度规划会议					
2	参加订货会/登记销售订单（填当年广告费数额并从现金支付）					
3	制订新年度计划					
4	支付应付税金（填写上年应付税金数额并从现金支付）					
5	申请长期贷款/更新长期贷款/还本/支付长期贷款利息					
6	季初现金盘点（余额＝去年现金 – 广告费 – 税金 ± 长贷本息）					
7	申请短期贷款/更新短期贷款/还本付息					
8	原材料入库/更新原料订单/原材料紧急采购（填写买原料金额数）					
9	更新生产/完工入库（生产线在制品向下一季度移动，下线成品入库）					
10	开始下一批生产（向空生产线上产品原料，并记录投入的加工费）					
11	下原料订单（用空桶放在需买原料的订单提前期 Q 处）					
12	投资新生产线/变卖生产线/生产线转产（记录投入金额数）					
13	更新应收款/应收款收现（移动应收款/记录到期应收款数额）					
14	出售厂房（出售厂房的资金放到应收款的四期4Q 处）					
15	向其他企业购买成品/出售成品（记录买/卖成交的实际价格）					
16	按订单交货（根据库存与订单把产品卖到老师处，0 期写金额）					
17	产品研发投资（记录投资开发 P2/P3/P4 投入的金额）					
18	支付行政管理费（每季度1M）					
19	其他现金收支情况登记（未交订单总金额20%的罚款/贴息记于此）					
20	支付设备维护费（每条生产线1M/年）					
21	支付厂房租金/购买厂房					
22	计提折旧（每条生产线购买价1/5，剩到残值时停止提取）				（ ） 0	
23	新市场开拓（记录投资本地/区域/国内/亚洲/国际市场金额）					
24	ISO 资格认证投资（记录投资开发 ISO9000/ISO14000 的金额）					
25	结账（本栏内空格打√，说明已进行了年终算账）					
26	本季现金收入合计（第1季度不含广告、税金、长期贷款数）					
27	本季现金支出合计（注：折旧不计入第4季度现金支出）					
28	期末现金对账（填写余额，与盘面余额一致）					

　　注：序号5、7、12、17、23、24 横栏部分（带阴影的横栏），是需要学生经营时决策投资的项目。如：需不需要贷款，投不投资新生产线（手工线、半自动线、全自动/柔性生产线），开不开发新产品（P2/P3/P4），开不开拓新市场（区域、国内、亚洲、国际），进不进行质量认证（ISO9000/ISO14000）的投资。

订单登记表（本表由营销主管填写）

序号	订单号								
1	市场								
2	产品								
3	数量								
4	账期 Q								

续表

序号	订单号								
5	销售额								
6	成本								
7	毛利								
8	未售								

注：毛利 = 销售额 – 成本。单位产品成本：P1 = 2，P2 = 3，P3 = 4，P4 = 5。

产品核算统计表（本表由营销主管填写）

序号	产品	P1	P2	P3	P4	合计
1	数量					
2	销售额					
3	成本					
4	毛利					

注：毛利 = 销售额 – 成本。单位产品成本：P1 = 2，P2 = 3，P3 = 4，P4 = 5。

综合管理费用明细表（本表由财务经理填写） 单位：百万元

序号	项目	金额	备注
1	管理费		（与盘面灰币数量一致）
2	广告费		（与盘面灰币数量一致）
3	维修费		（与盘面灰币数量一致）
4	租金		（与盘面灰币数量一致）
5	转产费		（与盘面灰币数量一致）
6	市场准入开拓		□区域　□国内　□亚洲　□国际
7	ISO 资格认证		ISO9000（　）　ISO14000（　）
8	产品研发		P2（　）　P3（　）　P4（　）
9	其他		同盘面一致。向其他企业购买产品高于成本的数记于此
10	合计		(10 = 1 + 2 + 3 + 4 + 5 + 6 + 7 + 8 + 9)

注：在市场准入开拓在□内打√，每√为1M。其他在括号内填写投入金额数，产品研发如：P2（4）。

利润表（本表由财务主管填写）

序号	项目	数据来源及计算公式	上年数	本年数
1	销售收入	见产品核算统计表	35	
2	减：直接成本	见产品核算统计表	12	
3	毛利	3 = 1 – 2	23	
4	减：综合费用	见综合管理费用表	11	
5	折旧前利润	5 = 3 – 4	12	
6	减：折旧	见盘面综合费用处	4	
7	支付利息前利润	7 = 5 – 6	8	

续表

序号	项目	数据来源及计算公式	上年数	本年数
8	减：财务支出（利息）	见盘面：利息＝利息＋贴息	4	
9	减/加：其他支出/收入	根据实际记录：±	0	
10	税前利润	10＝7－8±9	4	
11	减：所得税（应交税金）	11＝10×0.25（向下取整）	1	
12	净利润（年度净利）	14＝10－11	3	

注：1. 其他收入/支出：向其他企业卖/买产品，高于成本的数计于此。
2. 税前利润为负数时不计所得税，下表中"所有者权益合计"未达到66时也不计算所得税。

资产负债表（本表由财务主管填写）

资产	期初数	期末数	负债和所有者权益	期初数	期末数
流动资产：			负债：		
1. 现金	20		1. 长期负债	40	
2. 应收款	15		2. 短期负债		
3. 在制品	8		3. 应付账款		
4. 成品	8		4. 应交税金	1	
5. 原料	1		5. 一年内到期的长期负债		
6. 流动资产合计	52		6. 负债合计	41	
固定资产：			所有者权益：		
7. 土地和建筑	40		7. 股东资本	50	
8. 机器与设备	13		8. 利润留存（上年8＋9）	11	
9. 在建工程			9. 年度净利	3	
10. 固定资产合计	53		10. 所有者权益合计	64	
11. 资产总计	105		11. 负债和所有者权益总计	105	

注：1. 应交税金＝利润表（上表）所得税；2. 当年利润留存＝上年利润留存＋上年年度净利；3. 年度净利＝利润表（上表）净利润。

第1年（本表由CEO填写和指挥操作）

序号	企业经营流程 请按顺序执行下列各项操作。	空格内：填经营过程中收入、支出（红色）的金额数字 其他填符号：√——已进行了的工作 ×——未进行的工作				
1	新年度规划会议					
2	参加订货会/登记销售订单（填当年广告费数额并从现金支付）					
3	制订新年度计划					
4	支付应付税金（填上年应付税金数额并从现金支付）					
5	申请长期贷款/更新长期贷款/还本/支付长期贷款利息					
6	季初现金盘点（余额＝去年现金－广告费－税金±长贷本息）					
7	申请短期贷款/更新短期贷款/还本付息					
8	原材料入库/更新原料订单/原材料紧急采购（填写买原料金额数）					
9	更新生产/完工入库（生产线在制品向下一季度移动，下线成品入库）					
10	开始下一批生产（向空生产线上产品原料，并记录投入的加工费）					

续表

序号	企业经营流程 请按顺序执行下列各项操作。	空格内：填经营过程中收入、支出（红色）的金额数字 其他填符号：√——已进行了的工作　×——未进行的工作				
11	下原料订单（用空桶放在需买原料的订单提前期 Q 处）					
12	投资新生产线/变卖生产线/生产线转产（记录投入金额数）					
13	更新应收款/应收款收现（移动应收款/记录到期应收款数额）					
14	出售厂房（出售厂房的资金放到应收款的四期 4Q 处）					
15	向其他企业购买成品/出售成品（记录买/卖成交的实际价格）					
16	按订单交货（根据库存与订单把产品卖到老师处，0 期写金额）					
17	产品研发投资（记录投资开发 P2/P3/P4 投入的金额）					
18	支付行政管理费（每季度 1M）					
19	其他现金收支情况登记（未交订单总金额 20% 的罚款/贴息记于此）					
20	支付设备维护费（每条生产线 1M/年）					
21	支付厂房租金/购买厂房					
22	计提折旧（每条生产线购买价 1/5，剩到残值时停止提取）					( ) 0
23	新市场开拓（记录投资本地/区域/国内/亚洲/国际市场金额）					
24	ISO 资格认证投资（记录投资开发 ISO9000/ISO14000 的金额）					
25	结账（本栏内空格打√，说明已进行了年终算账）					
26	本季现金收入合计（第 1 季度不含广告、税金、长期贷款数）					
27	本季现金支出合计（注：折旧不计入第 4 季度现金支出）					
28	期末现金对账（填写余额，与盘面余额一致）					

注：序号 5、7、12、17、23、24 横栏部分（带阴影的横栏），是需要学生经营时决策投资的项目。如：需不需要贷款，投不投资新生产线（手工线、半自动线、全自动/柔性生产线），开不开发新产品（P2/P3/P4），开不开拓新市场（区域、国内、亚洲、国际），进不进行质量认证（ISO9000/ISO14000）的投资。

订单登记表 （本表由营销主管填写）

序号	订单号							
1	市场							
2	产品							
3	数量							
4	账期 Q							
5	销售额							
6	成本							
7	毛利							
8	未售							

注：毛利 = 销售额 − 成本。单位产品成本：P1 = 2，P2 = 3，P3 = 4，P4 = 5。

产品核算统计表 （本表由营销主管填写）

序号	产品	P1	P2	P3	P4	合计
1	数量					
2	销售额					
3	成本					
4	毛利					

注：毛利 = 销售额 − 成本。单位产品成本：P1 = 2，P2 = 3，P3 = 4，P4 = 5。

综合管理费用明细表（本表由财务经理填写）

单位：百万元

序号	项目	金额	备注
1	管理费		（与盘面灰币数量一致）
2	广告费		（与盘面灰币数量一致）
3	维修费		（与盘面灰币数量一致）
4	租金		（与盘面灰币数量一致）
5	转产费		（与盘面灰币数量一致）
6	市场准入开拓		□区域　　　□国内　　　□亚洲　　　□国际
7	ISO 资格认证		ISO9000（　　）　　ISO14000（　　）
8	产品研发		P2（　　）　　P3（　　）　　P4（　　）
9	其他		同盘面一致。向其他企业购买产品高于成本的数额记于此
10	合计		(10 = 1 + 2 + 3 + 4 + 5 + 6 + 7 + 8 + 9)

注：在市场准入开拓在□内打√，每√为1M。其他在括号内填写投入金额数，产品研发如：P2（4）。

利润表（本表由财务主管填写）

序号	项目	数据来源及计算公式	上年数	本年数
1	销售收入	见产品核算统计表		
2	减：直接成本	见产品核算统计表		
3	毛利	3 = 1 − 2		
4	减：综合费用	见综合管理费用表		
5	折旧前利润	5 = 3 − 4		
6	减：折旧	见盘面综合费用处		
7	支付利息前利润	7 = 5 − 6		
8	减：财务支出（利息）	见盘面：利息 = 利息 + 贴息		
9	减/加：其他支出/收入	根据实际记录：±		
10	税前利润	10 = 7 − 8 ± 9		
11	减：所得税（应交税金）	11 = 10 × 0.25（向下取整）		
12	净利润（年度净利）	12 = 10 − 11		

注：1. 其他收入/支出：向其他企业卖/买产品，高于成本的数记于此。
2. 税前利润为负数时不计所得税，下表中"所有者权益合计"未达到66时也不计算所得税。

资产负债表（本表由财务主管填写）

资产	期初数	期末数	负债和所有者权益	期初数	期末数
流动资产：			负债：		
1. 现金			1. 长期负债		
2. 应收款			2. 短期负债		
3. 在制品			3. 应付账款		
4. 成品			4. 应交税金		
5. 原料			5. 一年内到期的长期负债		
6. 流动资产合计			6. 负债合计		
固定资产：			所有者权益：		
7. 土地和建筑			7. 股东资本	50	50
8. 机器与设备			8. 利润留存（上年8 + 9）		

续表

资产	期初数	期末数	负债和所有者权益	期初数	期末数
9. 在建工程			9. 年度净利		
10. 固定资产合计			10. 所有者权益合计		
11. 资产总计			11. 负债和所有者权益总计		

注：1. 应交税金＝利润表（上表）所得税；2. 当年利润留存＝上年利润留存+上年年度净利；3. 年度净利＝利润表（上表）净利润。

第 2 年（本表由 CEO 填写和指挥操作）

序号	企业经营流程 请按顺序执行下列各项操作。	空格内：填经营过程中收入、支出（红色）的金额数字 其他填符号：√——已进行了的工作　×——未进行的工作			
1	新年度规划会议				
2	参加订货会/登记销售订单（填当年广告费数额并从现金支付）				
3	制订新年度计划				
4	支付应付税金（填写上年应付税金数额并从现金支付）				
5	申请长期贷款/更新长期贷款/还本/支付长期贷款利息				
6	季初现金盘点（余额＝去年现金－广告费－税金±长贷本息）				
7	申请短期贷款/更新短期贷款/还本付息				
8	原材料入库/更新原料订单/原材料紧急采购（填写买原料金额数）				
9	更新生产/完工入库（生产线在制品向下一季度移动，下线成品入库）				
10	开始下一批生产（向空生产线上产品原料，并记录投入的加工费）				
11	下原料订单（用空桶放在需买原料的订单提前期 Q 处）				
12	投资新生产线/变卖生产线/生产线转产（记录投入金额数）				
13	更新应收款/应收款收现（移动应收款/记录到期应收款数额）				
14	出售厂房（出售厂房的资金放到应收款的四期4Q 处）				
15	向其他企业购买成品/出售成品（记录买/卖成交的实际价格）				
16	按订单交货（根据库存与订单把产品卖到老师处，0 期写金额）				
17	产品研发投资（记录投资开发 P2/P3/P4 投入的金额）				
18	支付行政管理费（每季度1M）				
19	其他现金收支情况登记（未交订单总金额20%的罚款/贴息记于此）				
20	支付设备维护费（每条生产线1M/年）				
21	支付厂房租金/购买厂房				
22	计提折旧（每条生产线购买价1/5，剩到残值时停止提取）				( ) 0
23	新市场开拓（记录投资本地/区域/国内/亚洲/国际市场金额）				
24	ISO 资格认证投资（记录投资开发 ISO9000/ISO14000 的金额）				
25	结账（本栏内空格打√，说明已进行了年终算账）				
26	本季现金收入合计（第1季度不含广告、税金、长期贷款数）				
27	本季现金支出合计（注：折旧不计入第4季度现金支出）				
28	期末现金对账（填写余额，与盘面余额一致）				

注：序号5、7、12、17、23、24 横栏部分（带阴影的横栏），是需要学生经营时决策投资的项目。如：需不需要贷款，投不投资新生产线（手工线、半自动线、全自动/柔性生产线），开不开发新产品（P2/P3/P4），开不开拓新市场（区域、国内、亚洲、国际），进不进行质量认证（ISO9000/ISO14000）的投资。

订单登记表（本表由营销主管填写）

序号	订单号							
1	市场							
2	产品							
3	数量							
4	账期 Q							
5	销售额							
6	成本							
7	毛利							
8	未售							

注：毛利 = 销售额 - 成本。单位产品成本：P1 = 2，P2 = 3，P3 = 4，P4 = 5。

产品核算统计表（本表由营销主管填写）

序号	产品	P1	P2	P3	P4	合计
1	数量					
2	销售额					
3	成本					
4	毛利					

注：毛利 = 销售额 - 成本。单位产品成本：P1 = 2，P2 = 3，P3 = 4，P4 = 5。

综合管理费用明细表（本表由财务主管填写）   单位：百万元

序号	项目	金额	备注
1	管理费		（与盘面灰币数量一致）
2	广告费		（与盘面灰币数量一致）
3	维修费		（与盘面灰币数量一致）
4	租金		（与盘面灰币数量一致）
5	转产费		（与盘面灰币数量一致）
6	市场准入开拓		□区域　　□国内　　□亚洲　　□国际
7	ISO 资格认证		ISO9000（　　）　　ISO14000（　　）
8	产品研发		P2（　　）　　P3（　　）　　P4（　　）
9	其他		同盘面一致。向其他企业购买产品高于成本的数额记于此
10	合计		(10 = 1 + 2 + 3 + 4 + 5 + 6 + 7 + 8 + 9)

注：在市场准入开拓在□内打√，每√为1M。其他在括号内填写投入金额数，产品研发如：P2 (4)。

利润表（本表由财务主管填写）

序号	项目	数据来源及计算公式	上年数	本年数
1	销售收入	见产品核算统计表		
2	减：直接成本	见产品核算统计表		
3	毛利	3 = 1 - 2		
4	减：综合费用	见综合管理费用表		

续表

序号	项目	数据来源及计算公式	上年数	本年数
5	折旧前利润	5 = 3 - 4		
6	减：折旧	见盘面综合费用处		
7	支付利息前利润	7 = 5 - 6		
8	减：财务支出（利息）	见盘面：利息 = 利息 + 贴息		
9	减/加：其他支出/收入	根据实际记录：±		
10	税前利润	10 = 7 - 8 ± 9		
11	减：所得税（应交税金）	11 = 10 × 0.25（向下取整）		
12	净利润（年度净利）	12 = 10 - 11		

注：1. 其他收入/支出：向其他企业卖/买产品，高于成本的数记于此。
2. 税前利润为负数时不计所得税，下表中"所有者权益合计"未达到 66 时也不计所得税。

资产负债表（本表由财务主管填写）

资产	期初数	期末数	负债和所有者权益	期初数	期末数
流动资产：			负债：		
1. 现金			1. 长期负债		
2. 应收款			2. 短期负债		
3. 在制品			3. 应付账款		
4. 成品			4. 应交税金		
5. 原料			5. 一年内到期的长期负债		
6. 流动资产合计			6. 负债合计		
固定资产：			所有者权益：		
7. 土地和建筑			7. 股东资本	50	50
8. 机器与设备			8. 利润留存（上年 8 + 9）		
9. 在建工程			9. 年度净利		
10. 固定资产合计			10. 所有者权益合计		
11. 资产总计			11. 负债和所有者权益总计		

注：1. 应交税金 = 利润表（上表）所得税；2. 当年利润留存 = 上年利润留存 + 上年年度净利；3. 年度净利 = 利润表（上表）净利润。

第 3 年（本表由 CEO 填写和指挥操作）

序号	企业经营流程 请按顺序执行下列各项操作。	空格内：填经营过程中收入、支出（红色）的金额数字 其他填符号：√——已进行了的工作　×——未进行的工作			
1	新年度规划会议				
2	参加订货会/登记销售订单（填当年广告费数额并从现金支付）				
3	制订新年度计划				
4	支付应付税金（填写上年应付税金数额并从现金支付）				
5	申请长期贷款/更新长期贷款/还本、支付长期贷款利息				
6	季初现金盘点（余额 = 去年现金 - 广告费 - 税金 ± 长贷本息）				
7	申请短期贷款/更新短期贷款/还本付息				

续表

序号	企业经营流程 请按顺序执行下列各项操作。	空格内：填经营过程中收入、支出（红色）的金额数字 其他填符号：√——已进行了的工作　　×——未进行的工作					
8	原材料入库/更新原料订单/原材料紧急采购（填写买原料金额数）						
9	更新生产/完工入库（生产线在制品向下一季度移动，下线成品入库）						
10	开始下一批生产（向空生产线上产品原料，并记录投入的加工费）						
11	下原料订单（用空桶放在需买原料的订单提前期 Q 处）						
12	投资新生产线/变卖生产线/生产线转产（记录投入金额数）						
13	更新应收款/应收款收现（移动应收款/记录到期应收款数额）						
14	出售厂房（出售厂房的资金放到应收款的四期 4Q 处）						
15	向其他企业购买成品/出售成品（记录买/卖成交的实际价格）						
16	按订单交货（根据库存与订单把产品卖到老师处，0 期写金额）						
17	产品研发投资（记录投资开发 P2/P3/P4 投入的金额）						
18	支付行政管理费（每季度 1M）						
19	其他现金收支情况登记（未交订单总金额 20% 的罚款/贴息记于此）						
20	支付设备维护费（每条生产线 1M/年）						
21	支付厂房租金/购买厂房						
22	计提折旧（每条生产线购买价 1/5，剩到残值时停止提取）						（ ） 0
23	新市场开拓（记录投资本地/区域/国内/亚洲/国际市场金额）						
24	ISO 资格认证投资（记录投资开发 ISO9000/ISO14000 的金额）						
25	结账（本栏内空格打√，说明已进行了年终算账）						
26	本季现金收入合计（第 1 季度不含广告、税金、长期贷款数）						
27	本季现金支出合计（注：折旧不计入第 4 季度现金支出）						
28	期末现金对账（填写余额，与盘面余额一致）						

注：序号 5、7、12、17、23、24 横栏部分（带阴影的横栏），是需要学生经营时决策投资的项目。如：需不需要贷款，投不投资新生产线（手工线、半自动线、全自动/柔性生产线），开不开发新产品（P2/P3/P4），开不开拓新市场（区域、国内、亚洲、国际），进不进行质量认证（ISO9000/ISO14000）的投资。

订单登记表（本表由营销主管填写）

序号	订单号						
1	市场						
2	产品						
3	数量						
4	账期 Q						
5	销售额						
6	成本						
7	毛利						
8	未售						

注：毛利 = 销售额 - 成本。单位产品成本：P1 = 2，P2 = 3，P3 = 4，P4 = 5。

产品核算统计表（本表由营销主管填写）

序号	产品	P1	P2	P3	P4	合计
1	数量					
2	销售额					
3	成本					
4	毛利					

注：毛利＝销售额－成本。单位产品成本：P1＝2，P2＝3，P3＝4，P4＝5。

综合管理费用明细表（本表由财务经理填写）　　　　　单位：百万元

序号	项目	金额	备注
1	管理费		（与盘面灰币数量一致）
2	广告费		（与盘面灰币数量一致）
3	维修费		（与盘面灰币数量一致）
4	租金		（与盘面灰币数量一致）
5	转产费		（与盘面灰币数量一致）
6	市场准入开拓		□区域　　□国内　　□亚洲　　□国际
7	ISO 资格认证		ISO9000（　）　　ISO14000（　）
8	产品研发		P2（　）　　P3（　）　　P4（　）
9	其他		同盘面一致。向其他企业购买产品高于成本的数记于此
10	合计		（10＝1＋2＋3＋4＋5＋6＋7＋8＋9）

注：在市场准入开拓在□内打√，每√为1M。其他在括号内填写投入金额数，产品研发如：P2（4）。

利润表（本表由财务主管填写）

序号	项目	数据来源及计算公式	上年数	本年数
1	销售收入	见产品核算统计表		
2	减：直接成本	见产品核算统计表		
3	毛利	3＝1－2		
4	减：综合费用	见综合管理费用表		
5	折旧前利润	5＝3－4		
6	减：折旧	见盘面综合费用处		
7	支付利息前利润	7＝5－6		
8	减：财务支出（利息）	见盘面：利息＝利息＋贴息		
9	减/加：其他支出/收入	根据实际记录：±		
10	税前利润	10＝7－8±9		
11	减：所得税（应交税金）	11＝10×0.25（向下取整）		
12	净利润（年度净利）	12＝10－11		

注：1. 其他收入/支出：向其他企业卖/买产品，高于成本的数记于此。
　　2. 税前利润为负数时不计所得税，下表中"所有者权益合计"未达到66时也不计算所得税。

资产负债表（本表由财务主管填写）

资产	期初数	期末数	负债和所有者权益	期初数	期末数
流动资产：			负债：		
1. 现金			1. 长期负债		
2. 应收款			2. 短期负债		
3. 在制品			3. 应付账款		
4. 成品			4. 应交税金		
5. 原料			5. 一年内到期的长期负债		
6. 流动资产合计			6. 负债合计		
固定资产：			所有者权益：		
7. 土地和建筑			7. 股东资本	50	50
8. 机器与设备			8. 利润留存（上年 8 + 9）		
9. 在建工程			9. 年度净利		
10. 固定资产合计			10. 所有者权益合计		
11. 资产总计			11. 负债和所有者权益总计		

注：1. 应交税金 = 利润表（上表）所得税；2. 当年利润留存 = 上年利润留存 + 上年年度净利；3. 年度净利 = 利润表（上表）净利润。

第 4 年（本表由 CEO 填写和指挥操作）

序号	企业经营流程 请按顺序执行下列各项操作。	空格内：填经营过程中收入、支出（红色）的金额数字 其他填符号：√——已进行了的工作　×——未进行的工作		
1	新年度规划会议			
2	参加订货会/登记销售订单（填当年广告费数额并从现金支付）			
3	制订新年度计划			
4	支付应付税金（填写上年应付税金数额并从现金支付）			
5	申请长期贷款/更新长期贷款/还本/支付长期贷款利息			
6	季初现金盘点（余额 = 去年现金 − 广告费 − 税金 ± 长贷本息）			
7	申请短期贷款/更新短期贷款/还本付息			
8	原材料入库/更新原料订单/原材料紧急采购（填写买原料金额数）			
9	更新生产/完工入库（生产线在制品向下一季度移动，下线成品入库）			
10	开始下一批生产（向空生产线上产品原料，并记录投入的加工费）			
11	下原料订单（用空桶放在需买原料的订单提前期 Q 处）			
12	投资新生产线/变卖生产线/生产线转产（记录投入金额数）			
13	更新应收款/应收款收现（移动应收款/记录到期应收款数额）			
14	出售厂房（出售厂房的资金放到应收款的四期 4Q 处）			
15	向其他企业购买成品/出售成品（记录买/卖成交的实际价格）			
16	按订单交货（根据库存与订单把产品卖到老师处，0 期写金额）			
17	产品研发投资（记录投资开发 P2/P3/P4 投入的金额）			
18	支付行政管理费（每季度 1M）			
19	其他现金收支情况登记（未交订单总金额 20% 的罚款/贴息记于此）			
20	支付设备维护费（每条生产线 1M/年）			
21	支付厂房租金/购买厂房			

续表

序号	企业经营流程 请按顺序执行下列各项操作。	空格内：填经营过程中收入、支出（红色）的金额数字 其他填符号：√——已进行了的工作　×——未进行的工作				
22	计提折旧（每条生产线购买价1/5，剩到残值时停止提取）					( ) 0
23	新市场开拓（记录投资本地/区域/国内/亚洲/国际市场金额）					
24	ISO资格认证投资（记录投资开发ISO9000/ISO14000的金额）					
25	结账（本栏内空格打√，说明已进行了年终算账）					
26	本季现金收入合计（第1季度不含广告、税金、长期贷款数）					
27	本季现金支出合计（注：折旧不计入第4季度现金支出）					
28	期末现金对账（填写余额，与盘面余额一致）					

注：序号5、7、12、17、23、24横栏部分（带阴影的横栏），是需要学生经营时决策投资的项目。如：需不需要贷款，投不投资新生产线（手工线、半自动线、全自动/柔性生产线），开不开发新产品（P2/P3/P4），开不开拓新市场（区域、国内、亚洲、国际），进不进行质量认证（ISO9000/ISO14000）的投资。

订单登记表（本表由营销主管填写）

序号	订单号								
1	市场								
2	产品								
3	数量								
4	账期Q								
5	销售额								
6	成本								
7	毛利								
8	未售								

注：毛利＝销售额－成本。单位产品成本：P1＝2，P2＝3，P3＝4，P4＝5。

产品核算统计表（本表由营销主管填写）

序号	产品	P1	P2	P3	P4	合计
1	数量					
2	销售额					
3	成本					
4	毛利					

注：毛利＝销售额－成本。单位产品成本：P1＝2，P2＝3，P3＝4，P4＝5。

综合管理费用明细表（本表由财务经理填写）

单位：百万元

序号	项目	金额	备注
1	管理费		（与盘面灰币数量一致）
2	广告费		（与盘面灰币数量一致）
3	维修费		（与盘面灰币数量一致）
4	租金		（与盘面灰币数量一致）
5	转产费		（与盘面灰币数量一致）

续表

序号	项目	金额	备注
6	市场准入开拓		□区域　　　□国内　　　□亚洲　　　□国际
7	ISO 资格认证		ISO9000（　　）　　　ISO14000（　　）
8	产品研发		P2（　）　　　P3（　）　　　P4（　）
9	其他		同盘面一致。向其他企业购买产品高于成本的数额记于此
10	合计		（10 = 1 + 2 + 3 + 4 + 5 + 6 + 7 + 8 + 9）

注：在市场准入开拓在□内打√，每√为1M。其他在括号内填写投入金额数，产品研发如：P2（4）。

利润表（本表由财务主管填写）

序号	项目	数据来源及计算公式	上年数	本年数
1	销售收入	见产品核算统计表		
2	减：直接成本	见产品核算统计表		
3	毛利	3 = 1 − 2		
4	减：综合费用	见综合管理费用表		
5	折旧前利润	5 = 3 − 4		
6	减：折旧	见盘面综合费用处		
7	支付利息前利润	7 = 5 − 6		
8	减：财务支出（利息）	见盘面：利息 = 利息 + 贴息		
9	减/加：其他支出/收入	根据实际记录：±		
10	税前利润	10 = 7 − 8 ± 9		
11	减：所得税（应交税金）	11 = 10 × 0.25（向下取整）		
12	净利润（年度净利）	12 = 10 − 11		

注：1. 其他收入/支出：向其他企业卖/买产品，高于成本的数记于此。
2. 税前利润为负数时不计所得税，下表中"所有者权益合计"未达到66时也不计算所得税。

资产负债表（本表由财务主管填写）

资产	期初数	期末数	负债和所有者权益	期初数	期末数
流动资产：			负债：		
1. 现金			1. 长期负债		
2. 应收款			2. 短期负债		
3. 在制品			3. 应付账款		
4. 成品			4. 应交税金		
5. 原料			5. 一年内到期的长期负债		
6. 流动资产合计			6. 负债合计		
固定资产：			所有者权益：		
7. 土地和建筑			7. 股东资本	50	50
8. 机器与设备			8. 利润留存（上年8 + 9）		
9. 在建工程			9. 年度净利		
10. 固定资产合计			10. 所有者权益合计		
11. 资产总计			11. 负债和所有者权益总计		

注：1. 应交税金 = 利润表（上表）所得税；2. 当年利润留存 = 上年利润留存 + 上年年度净利；3. 年度净利 = 利润表（上表）净利润。

第 5 年（本表由 CEO 填写和指挥操作）

序号	企业经营流程 请按顺序执行下列各项操作。	空格内：填经营过程中收入、支出（红色）的金额数字 其他填符号：√——已进行了的工作　×——未进行的工作				
1	新年度规划会议					
2	参加订货会/登记销售订单（填当年广告费数额并从现金支付）					
3	制订新年度计划					
4	支付应付税金（填写上年应付税金数额并从现金支付）					
5	申请长期贷款/更新长期贷款/还本/支付长期贷款利息					
6	季初现金盘点（余额＝去年现金－广告费－税金±长贷本息）					
7	申请短期贷款/更新短期贷款/还本付息					
8	原材料入库/更新原料订单/原材料紧急采购（填写买原料金额数）					
9	更新生产/完工入库（生产线在制品向下一季度移动，下线成品入库）					
10	开始下一批生产（向空生产线上产品原料，并记录投入的加工费）					
11	下原料订单（用空桶放在需买原料的订单提前期 Q 处）					
12	投资新生产线/变卖生产线/生产线转产（记录投入金额数）					
13	更新应收款/应收款收现（移动应收款/记录到期应收款数额）					
14	出售厂房（出售厂房的资金放到应收款的四期 4Q 处）					
15	向其他企业购买成品/出售成品（记录买、卖成交的实际价格）					
16	按订单交货（根据库存与订单把产品卖到老师处，0 期写金额）					
17	产品研发投资（记录投资开发 P2/P3/P4 投入的金额）					
18	支付行政管理费（每季度 1M）					
19	其他现金收支情况登记（未交订单总金额 20%的罚款/贴息记于此）					
20	支付设备维护费（每条生产线 1M/年）					
21	支付厂房租金/购买厂房					
22	计提折旧（每条生产线购买价 1/5，剩到残值时停止提取）					( ) 0
23	新市场开拓（记录投资本地/区域/国内/亚洲/国际市场金额）					
24	ISO 资格认证投资（记录投资开发 ISO9000/ISO14000 的金额）					
25	结账（本栏内空格打√，说明已进行了年终算账）					
26	本季现金收入合计（第 1 季度不含广告、税金、长期贷款数）					
27	本季现金支出合计（注：折旧不计入第 4 季度现金支出）					
28	期末现金对账（填写余额，与盘面余额一致）					

注：序号 5、7、12、17、23、24 横栏部分（带阴影的横栏），是需要学生经营时决策投资的项目。如：需不需要贷款，投不投资新生产线（手工线、半自动线、全自动/柔性生产线），开不开发新产品（P2/P3/P4），开不开拓新市场（区域、国内、亚洲、国际），进不进行质量认证（ISO9000/ISO14000）的投资。

订单登记表（本表由营销主管填写）

序号	订单号											
1	市场											
2	产品											
3	数量											
4	账期 Q											
5	销售额											

续表

序号	订单号								
6	成本								
7	毛利								
8	未售								

注：毛利 = 销售额 - 成本。单位产品成本：P1 = 2，P2 = 3，P3 = 4，P4 = 5。

产品核算统计表（本表由营销主管填写）

序号	产品	P1	P2	P3	P4	合计
1	数量					
2	销售额					
3	成本					
4	毛利					

注：毛利 = 销售额 - 成本。单位产品成本：P1 = 2，P2 = 3，P3 = 4，P4 = 5。

综合管理费用明细表（本表由财务经理填写）

单位：百万元

序号	项目	金额	备注
1	管理费		（与盘面灰币数量一致）
2	广告费		（与盘面灰币数量一致）
3	维修费		（与盘面灰币数量一致）
4	租金		（与盘面灰币数量一致）
5	转产费		（与盘面灰币数量一致）
6	市场准入开拓		□区域　□国内　□亚洲　□国际
7	ISO 资格认证		ISO9000（　）　ISO14000（　）
8	产品研发		P2（　）　P3（　）　P4（　）
9	其他		同盘面一致。向其他企业购买产品高于成本的数记于此
10	合计		(10 = 1 + 2 + 3 + 4 + 5 + 6 + 7 + 8 + 9)

注：在市场准入开拓在□内打√，每√为1M。其他在括号内填写投入金额数，产品研发如：P2（4）。

利润表（本表由财务主管填写）

序号	项目	数据来源及计算公式	上年数	本年数
1	销售收入	见产品核算统计表		
2	减：直接成本	见产品核算统计表		
3	毛利	3 = 1 - 2		
4	减：综合费用	见综合管理费用表		
5	折旧前利润	5 = 3 - 4		
6	减：折旧	见盘面综合费用处		
7	支付利息前利润	7 = 5 - 6		
8	减：财务支出（利息）	见盘面：利息 = 利息 + 贴息		
9	减/加：其他支出/收入	根据实际记录：±		
10	税前利润	10 = 7 - 8 ± 9		
11	减：所得税（应交税金）	11 = 10 × 0.25（向下取整）		
12	净利润（年度净利）	12 = 10 - 11		

注：1. 其他收入/支出：向其他企业卖/买产品，高于成本的数记于此。
2. 税前利润为负数时不计所得税，下表中"所有者权益合计"未达到66时也不计算所得税。

资产负债表（本表由财务主管填写）

资产	期初数	期末数	负债和所有者权益	期初数	期末数
流动资产：			负债：		
1. 现金			1. 长期负债		
2. 应收款			2. 短期负债		
3. 在制品			3. 应付账款		
4. 成品			4. 应交税金		
5. 原料			5. 一年内到期的长期负债		
6. 流动资产合计			6. 负债合计		
固定资产：			所有者权益：		
7. 土地和建筑			7. 股东资本	50	50
8. 机器与设备			8. 利润留存（上年8+9）		
9. 在建工程			9. 年度净利		
10. 固定资产合计			10. 所有者权益合计		
11. 资产总计			11. 负债和所有者权益总计		

注：1. 应交税金 = 利润表（上表）所得税；2. 当年利润留存 = 上年利润留存 + 上年年度净利；3. 年度净利 = 利润表（上表）净利润。

第6年（本表由CEO填写和指挥操作）

序号	企业经营流程 请按顺序执行下列各项操作。	空格内：填经营过程中收入、支出（红色）的金额数字 其他填符号：√——已进行了的工作　×——未进行的工作				
1	新年度规划会议					
2	参加订货会/登记销售订单（填当年广告费数额并从现金支付）					
3	制订新年度计划					
4	支付应付税金（填写上年应付税金数额并从现金支付）					
5	申请长期贷款/更新长期贷款/还本·支付长期贷款利息					
6	季初现金盘点（余额 = 去年现金 – 广告费 – 税金 ± 长贷本息）					
7	申请短期贷款/更新短期贷款/还本付息					
8	原材料入库/更新原料订单/原材料紧急采购（填写买原料金额数）					
9	更新生产/完工入库（生产线在制品向下一季度移动，下线成品入库）					
10	开始下一批生产（向空生产线上产品原料，并记录投入的加工费）					
11	下原料订单（用空桶放在需买原料的订单提前期Q处）					
12	投资新生产线/变卖生产线/生产线转产（记录投入金额数）					
13	更新应收款/应收款收现（移动应收款/记到期应收款数额）					
14	出售厂房（出售厂房的资金放到应收款的四期4Q处）					
15	向其他企业购买成品/出售成品（记录买/卖成交的实际价格）					
16	按订单交货（根据库存与订单把产品卖到老师处，0期写金额）					
17	产品研发投资（记录投资开发P2/P3/P4投入的金额）					
18	支付行政管理费（每季度1M）					
19	其他现金收支情况登记（未交订单总金额20%的罚款/贴息记于此）					
20	支付设备维护费（每条生产线1M/年）					
21	支付厂房租金/购买厂房					

续表

序号	企业经营流程 请按顺序执行下列各项操作。	空格内：填经营过程中收入、支出（红色）的金额数字 其他填符号：√——已进行了的工作　×——未进行的工作			
22	计提折旧（每条生产线购买价1/5，剩到残值时停止提取）				( ) 0
23	新市场开拓（记录投资本地/区域/国内/亚洲/国际市场金额）				
24	ISO资格认证投资（记录投资开发ISO9000/ISO14000的金额）				
25	结账（本栏内空格打√，说明已进行了年终算账）				
26	本季现金收入合计（第1季度不含广告、税金、长期贷款数）				
27	本季现金支出合计（注：折旧不计入第4季度现金支出）				
28	期末现金对账（填写余额，与盘面余额一致）				

注：序号5、7、12、17、23、24横栏部分（带阴影的横栏），是需要学生经营时决策投资的项目。如：需不需要贷款，投不投资新生产线（手工线、半自动线、全自动/柔性生产线），开不开发新产品（P2/P3/P4），开不开拓新市场（区域、国内、亚洲、国际），进不进行质量认证（ISO9000/ISO14000）的投资。

订单登记表（本表由营销主管填写）

序号	订单号						
1	市场						
2	产品						
3	数量						
4	账期Q						
5	销售额						
6	成本						
7	毛利						
8	未售						

注：毛利=销售额-成本。单位产品成本：P1=2，P2=3，P3=4，P4=5。

产品核算统计表（本表由营销主管填写）

序号	产品	P1	P2	P3	P4	合计
1	数量					
2	销售额					
3	成本					
4	毛利					

注：毛利=销售额-成本。单位产品成本：P1=2，P2=3，P3=4，P4=5。

综合管理费用明细表（本表由财务经理填写）　　　　　　单位：百万

序号	项目	金额	备注
1	管理费		（与盘面灰币数量一致）
2	广告费		（与盘面灰币数量一致）
3	维修费		（与盘面灰币数量一致）
4	租金		（与盘面灰币数量一致）
5	转产费		（与盘面灰币数量一致）

续表

序号	项目	金额	备注
6	市场准入开拓		□区域　　□国内　　□亚洲　　□国际
7	ISO资格认证		ISO9000（　　）　　ISO14000（　　）
8	产品研发		P2（　　）　　P3（　　）　　P4（　　）
9	其他		同盘面一致。向其他企业购买产品高于成本的数额记于此
10	合计		(10 = 1 + 2 + 3 + 4 + 5 + 6 + 7 + 8 + 9)

注：在市场准入开拓在□内打√，每√为1M。其他在括号内填写投入金额数，产品研发如：P2（4）。

利润表（本表由财务主管填写）

序号	项目	数据来源及计算公式	上年数	本年数
1	销售收入	见产品核算统计表		
2	减：直接成本	见产品核算统计表		
3	毛利	3 = 1 − 2		
4	减：综合费用	见综合管理费用表		
5	折旧前利润	5 = 3 − 4		
6	减：折旧	见盘面综合费用处		
7	支付利息前利润	7 = 5 − 6		
8	减：财务支出（利息）	见盘面：利息 = 利息 + 贴息		
9	减/加：其他支出/收入	根据实际记录：±		
10	税前利润	10 = 7 − 8 ± 9		
11	减：所得税（应交税金）	11 = 10 × 0.25（向下取整）		
12	净利润（年度净利）	12 = 10 − 11		

注：1. 其他收入/支出：向其他企业卖/买产品，高于成本的数计于此。
2. 税前利润为负数时不计所得税，下表中"所有者权益合计"未达到66时也不计算所得税。

资产负债表（本表由财务主管填写）

资产	期初数	期末数	负债和所有者权益	期初数	期末数
流动资产：			负债：		
1. 现金			1. 长期负债		
2. 应收款			2. 短期负债		
3. 在制品			3. 应付账款		
4. 成品			4. 应交税金		
5. 原料			5. 一年内到期的长期负债		
6. 流动资产合计			6. 负债合计		
固定资产：			所有者权益：		
7. 土地和建筑			7. 股东资本	50	50
8. 机器与设备			8. 利润留存（上年8 + 9）		
9. 在建工程			9. 年度净利		
10. 固定资产合计			10. 所有者权益合计		
11. 资产总计			11. 负债和所有者权益总计		

注：1. 应交税金 = 利润表（上表）所得税；2. 当年利润留存 = 上年利润留存 + 上年年度净利；3. 年度净利 = 利润表（上表）净利润。

经营成果报表

公司	项目	期初	第1年	第2年	第3年	第4年	第5年	第6年	电脑评分	分数排名
A	权益	66								
	利润	2								
B	权益	66								
	利润	2								
C	权益	66								
	利润	2								
D	权益	66								
	利润	2								
E	权益	66								
	利润	2								
F	权益	66								
	利润	2								

当年市场领导者	本地							在左边空格内的各市场，填写当年市场领导者公司代号的英文大写字母
	区域							
	国内							
	亚洲							
	国际							

期末拥有资产（厂房、生产线）、已开发产品、质量认证、新市场记录，除生产线填数外，其余打√

大厂房	小厂房	手工线（条）	半自动线（条）	全自动线（条）	柔性线（条）	P2	P3	P4	ISO 9000	ISO 14000	区域	国内	亚洲	国际

角色分配情况记录

总经理（CEO）_____ 营销主管_____ 财务主管（及助理）_____

生产主管（及助理）_____ 供应主管_____

总结内容：1. 参加本次企业生产经营决策 ERP 实训的最大收获是什么？
　　　　　2. 对你所扮演角色的工作有什么感想？

总经理总结：

签名_____ 日期_____

企业沙盘（ERP）各公司广告投放、竞争选单顺序规则

一、广告投放规则：

1. 每个市场（本地/区域/国内/亚洲/国际市场）、每个产品（P1/P2/P3/P4 产品）至少要投 1M 的广告费，否则视其放弃某市场、某产品的销售。

2. 在某个产品上投放广告费，每多投 2M，有多一次选单的可能。如某产品投广告费 5M，如有订单可选 3 个订单。

3. ISO9000、ISO140000，在广告单上打"√"，来证明已投资开发获得该资格认证，无须投广告费。

二、广告选单先后顺序规则：√

1. 第 1 年以各公司广告费多少来决定谁最先选单。但注意广告费太多，可能连成本也回不来，但太少又不利于争当市场领导者。

第 2 年以后竞单规则如下：

2. 第 1 选单者：上年该市场 P 系列产品销售额最多者。

3. 第 2 选单者：当年广告费最多者。

4. 第 3 选单者：若当年广告相同，则累计几年广告费总和最多者。

5. 第 4 选单者：若当年广告费及广告费总和相同，则按除销售排名第 1 名外，其他销售排名领先者。

6. 第 5 选单者：若上面 3、4、5 相同，则先完成财务报表者。

7. 再相同，先交广告单者。

电脑计算各公司得分规则

总得分 = 结束年所有者权益 × (1 + 总分/100)

公式中"总分"由下列加分组成：

1. 开发完成并形成销售的市场：　区域：10 分　　国内：15 分
　　　　　　　　　　　　　　　亚洲：20 分　　国际：25 分

2. 研发完成并形成销售的产品：
　　　　　　　　　　　　　　　P2：5 分　　　P3：10 分　　P4：15 分

3. 目前拥有自主产权的厂房：　　大厂房：15 分　小厂房：10 分

4. 目前拥有的生产线：　　　　　手　工：5 分/条　半自动：10 分/条
　　　　　　　　　　　　　　　全自动：15 分/条　柔　性：15 分/条

5. 完成质量管理体系认证：　　　ISO9000：10 分　ISO14000：15 分

企业经营模拟手工沙盘

财务经理运行手册

20____~20____年第____学期第____周

起止时间_____

指导老师_____

专业班级_____

组　　别_____

财务经理_____

财务助理_____

起始年现金收支记录表

序号	季度 Q 项目		1 收/支	结存	2 收/支	结存	3 收/支	结存	4 收/支	结存
1	期初库存现金									
2	本年市场广告投入									
3	支付上年应交税金									
4	(更新长期贷款)填金额		FY1( )	FY2( )	FY3(	)	FY4(	)	FY5(	)
5	申请/归还长期贷款									
6	支付长期贷款利息									
7	季初现金盘点									
8	申请/归还短期贷款									
9	支付短期贷款利息									
10	(更新短期贷款)填金额	季度Q / 金额	1 2 3 4		1 2 3 4		1 2 3 4		1 2 3 4	
11	原料采购支付现金									
12	开始下一批生产加工费									
13	生产线投资/卖生产线									
14	生产线转产费用									
15	(更新应收款)填移动金额数	季度Q / 金额	1 2 3 4		1 2 3 4		1 2 3 4		1 2 3 4	
16	应收款收现(写移出数)									
17	出售厂房									
18	向其他企业买/卖产品									
19	支付产品研发投资									
20	支付管理费用									
21	贴现现金收现									
22	贴息利息									
23	其他收支(订单罚款20%)									
24	支付设备维护费用									
25	支付厂房租金									
26	购买新厂房									
27	计提折旧									( )
28	市场开拓投资									
29	ISO认证投资									
30	本季现金收入合计									
31	本季现金支出合计									
32	本季结存现金余额									
33	本年销售收入:	利润:		资产:			所有者权益:			

注:1. 本表为现金收支记录,"收"直接填写数字。"支"在数字前加"-"号,如"-3"。"结存"为每步"收/支"操作后所剩余额数,并与盘面实际所余金额一致。2. 灰色序号栏4、10、15、27中的数字,不算入当季收支。3. 序号32栏每季末数字必须与盘面所余现金一致。4. 表中无内容空格不填写。

第1年现金收支记录表

序号	季度Q 项目	1 收/支	1 结存	2 收/支	2 结存	3 收/支	3 结存	4 收/支	4 结存
1	期初库存现金								
2	本年市场广告投入								
3	支付上年应交税金								
4	(更新长期贷款)填金额	FY1( )		FY2( )		FY3( )		FY4( )	FY5( )
5	申请/归还长期贷款								
6	支付长期贷款利息								
7	季初现金盘点								
8	申请/归还短期贷款								
9	支付短期贷款利息								
10	(更新短期贷款)填金额	季度Q 1 2 3 4	金额	1 2 3 4		1 2 3 4		1 2 3 4	
11	原料采购支付现金								
12	开始下一批生产加工费								
13	生产线投资/卖生产线								
14	生产线转产费用								
15	(更新应收款)填移动金额数	季度Q 1 2 3 4	金额	1 2 3 4		1 2 3 4		1 2 3 4	
16	应收款收现(写移出数)								
17	出售厂房								
18	向其他企业买/卖产品								
19	支付产品研发投资								
20	支付管理费用								
21	贴现金收现								
22	贴息利息								
23	其他收支(订单罚款20%)								
24	支付设备维护费用								
25	支付厂房租金								
26	购买新厂房								
27	计提折旧							( )	
28	市场开拓投资								
29	ISO认证投资								
30	本季现金收入合计								
31	本季现金支出合计								
32	本季结存现金余额								
33	本年销售收入: 利润: 资产: 所有者权益:								

注: 1. 本表为现金收支记录,"收"直接填写数字。"支"在数字前加"-"号,如"-3"。"结存"为每步"收/支"操作后所剩余额数,并与盘面实际所余金额一致。2. 灰色序号栏4、10、15、27中的数字,不算入当季收支。3. 序号32栏每季末数字必须与盘面所余现金一致。4. 表中无内容空格不填写。

第2年现金收支记录表

序号	季度 Q 项目		1 收/支	1 结存	2 收/支	2 结存	3 收/支	3 结存	4 收/支	4 结存
1	期初库存现金									
2	本年市场广告投入									
3	支付上年应交税金									
4	（更新长期贷款）填金额		FY1（ ）		FY2（ ）		FY3（ ）		FY4（ ）FY5（ ）	
5	申请/归还长期贷款									
6	支付长期贷款利息									
7	季初现金盘点									
8	申请/归还短期贷款									
9	支付短期贷款利息									
10	（更新短期贷款）填金额	季度Q	1 2 3 4		1 2 3 4		1 2 3 4		1 2 3 4	
		金额								
11	原料采购支付现金									
12	开始下一批生产加工费									
13	生产线投资/卖生产线									
14	生产线转产费用									
15	（更新应收款）填移动金额数	季度Q	1 2 3 4		1 2 3 4		1 2 3 4		1 2 3 4	
		金额								
16	应收款收现（写移出数）									
17	出售厂房									
18	向其他企业买/卖产品									
19	支付产品研发投资									
20	支付管理费用									
21	贴现金收现									
22	贴息利息									
23	其他收支（订单罚款20%）									
24	支付设备维护费用									
25	支付厂房租金									
26	购买新厂房									
27	计提折旧								（ ）	
28	市场开拓投资									
29	ISO认证投资									
30	本季现金收入合计									
31	本季现金支出合计									
32	本季结存现金余额									
33	本年销售收入：		利润：		资产：		所有者权益：			

注：1. 本表为现金收支记录，"收"直接填写数字。"支"在数字前加"-"号，如"-3"。"结存"为每步"收/支"操作后所剩余额数，并与盘面实际所余金额一致。2. 灰色序号栏4、10、15、27中的数字，不算入当季收支。3. 序号32栏每季末数字必须与盘面所余现金一致。4. 表中无内容空格不填写。

第3年现金收支记录表

序号	季度 Q 项目	1 收/支	1 结存	2 收/支	2 结存	3 收/支	3 结存	4 收/支	4 结存
1	期初库存现金								
2	本年市场广告投入								
3	支付上年应交税金								
4	（更新长期贷款）填金额	FY1（　）FY2（　）FY3（　）FY4（　）FY5（　）							
5	申请/归还长期贷款								
6	支付长期贷款利息								
7	季初现金盘点								
8	申请/归还短期贷款								
9	支付短期贷款利息								
10	（更新短期贷款）填金额　季度Q / 金额	1 2 3 4		1 2 3 4		1 2 3 4		1 2 3 4	
11	原料采购支付现金								
12	开始下一批生产加工费								
13	生产线投资/卖生产线								
14	生产线转产费用								
15	（更新应收款）填移动金额数　季度Q / 金额	1 2 3 4		1 2 3 4		1 2 3 4		1 2 3 4	
16	应收款收现（写移出数）								
17	出售厂房								
18	向其他企业买/卖产品								
19	支付产品研发投资								
20	支付管理费用								
21	贴现现金收现								
22	贴息利息								
23	其他收支（订单罚款20%）								
24	支付设备维护费用								
25	支付厂房租金								
26	购买新厂房								
27	计提折旧							（　）	
28	市场开拓投资								
29	ISO认证投资								
30	本季现金收入合计								
31	本季现金支出合计								
32	本季结存现金余额								
33	本年销售收入： 　利润： 　资产： 　所有者权益：								

注：1. 本表为现金收支记录，"收"直接填写数字。"支"在数字前加"-"号，如"-3"。"结存"为每步"收/支"操作后所剩余额数，并与盘面实际所余金额一致。2. 灰色序号栏4、10、15、27中的数字，不算入当季收支。3. 序号32栏每季末数字必须与盘面所余现金一致。4. 表中无内容空格不填写。

第 4 年现金收支记录表

序号	季度 Q 项目		1 收/支	1 结存	2 收/支	2 结存	3 收/支	3 结存	4 收/支	4 结存
1	期初库存现金									
2	本年市场广告投入									
3	支付上年应交税金									
4	(更新长期贷款)填金额		FY1 (	) FY2 (	) FY3 (	) FY4 (	) FY5 (	)		
5	申请/归还长期贷款									
6	支付长期贷款利息									
7	季初现金盘点									
8	申请/归还短期贷款									
9	支付短期贷款利息									
10	(更新短期贷款)填金额	季度Q 金额	1 2 3 4		1 2 3 4		1 2 3 4		1 2 3 4	
11	原料采购支付现金									
12	开始下一批生产加工费									
13	生产线投资/卖生产线									
14	生产线转产费用									
15	(更新应收款)填移动金额数	季度Q 金额	1 2 3 4		1 2 3 4		1 2 3 4		1 2 3 4	
16	应收款收现(写移出数)									
17	出售厂房									
18	向其他企业买/卖产品									
19	支付产品研发投资									
20	支付管理费用									
21	贴现现金收现									
22	贴息利息									
23	其他收支(订单罚款20%)									
24	支付设备维护费用									
25	支付厂房租金									
26	购买新厂房									
27	计提折旧								(	)
28	市场开拓投资									
29	ISO 认证投资									
30	本季现金收入合计									
31	本季现金支出合计									
32	本季结存现金余额									
33	本年销售收入:		利润:		资产:		所有者权益:			

注：1. 本表为现金收支记录，"收"直接填写数字。"支"在数字前加"-"号，如"-3"。"结存"为每步"收/支"操作后所剩余额数，并与盘面实际所余金额一致。2. 灰色序号栏 4、10、15、27 中的数字，不算入当季收支。3. 序号 32 栏每季末数字必须与盘面所余现金一致。4. 表中无内容空格不填写。

第 5 年现金收支记录表

序号	季度 Q / 项目		1 收/支	1 结存	2 收/支	2 结存	3 收/支	3 结存	4 收/支	4 结存
1	期初库存现金		/							
2	本年市场广告投入									
3	支付上年应交税金									
4	（更新长期贷款）填金额		FY1（　）	FY2（　）		FY3（　）		FY4（　）		FY5（　）
5	申请/归还长期贷款									
6	支付长期贷款利息									
7	季初现金盘点		/		/		/		/	
8	申请/归还短期贷款									
9	支付短期贷款利息									
10	（更新短期贷款）填金额	季度 Q	1 2 3 4		1 2 3 4		1 2 3 4		1 2 3 4	
		金额								
11	原料采购支付现金									
12	开始下一批生产加工费									
13	生产线投资/卖生产线									
14	生产线转产费用									
15	（更新应收款）填移动金额数	季度 Q	1 2 3 4		1 2 3 4		1 2 3 4		1 2 3 4	
		金额								
16	应收款收现（写移出数）									
17	出售厂房									
18	向其他企业买/卖产品									
19	支付产品研发投资									
20	支付管理费用									
21	贴现现金收现									
22	贴息利息									
23	其他收支（订单罚款20%）									
24	支付设备维护费用									
25	支付厂房租金									
26	购买新厂房									
27	计提折旧									（　）
28	市场开拓投资									
29	ISO 认证投资									
30	本季现金收入合计									
31	本季现金支出合计									
32	本季结存现金余额									
33	本年销售收入：	利润：		资产：			所有者权益：			

注：1. 本表为现金收支记录，"收"直接填写数字。"支"在数字前加"－"号，如"－3"。"结存"为每步"收/支"操作后所剩余额数，并与盘面实际所余金额一致。2. 灰色序号栏4、10、15、27中的数字，不算入当季收支。3. 序号32栏每季末数字必须与盘面所余现金一致。4. 表中无内容空格不填写。

第 6 年现金收支记录表

序号	项目	季度 Q		1		2		3		4	
				收/支	结存	收/支	结存	收/支	结存	收/支	结存
1	期初库存现金										
2	本年市场广告投入										
3	支付上年应交税金										
4	（更新长期贷款）填金额			FY1（　）	FY2（　）	FY3（　）		FY4（　）		FY5（　）	
5	申请/归还长期贷款										
6	支付长期贷款利息										
7	季初现金盘点										
8	申请/归还短期贷款										
9	支付短期贷款利息										
10	（更新短期贷款）填金额	季度 Q		1　2　3　4		1　2　3　4		1　2　3　4		1　2　3　4	
		金额									
11	原料采购支付现金										
12	开始下一批生产加工费										
13	生产线投资/卖生产线										
14	生产线转产费用										
15	（更新应收款）填移动金额数	季度 Q		1　2　3　4		1　2　3　4		1　2　3　4		1　2　3　4	
		金额									
16	应收款收现（写移出数）										
17	出售厂房										
18	向其他企业买/卖产品										
19	支付产品研发投资										
20	支付管理费用										
21	贴现现金收现										
22	贴息利息										
23	其他收支（订单罚款20%）										
24	支付设备维护费用										
25	支付厂房租金										
26	购买新厂房										
27	计提折旧										（　）
28	市场开拓投资										
29	ISO 认证投资										
30	本季现金收入合计										
31	本季现金支出合计										
32	本季结存现金余额										
33	本年销售收入：	利润：			资产：			所有者权益：			

注：1. 本表为现金收支记录，"收"直接填写数字。"支"在数字前加"－"号，如"－3"。"结存"为每步"收/支"操作后所剩余额数，并与盘面实际所余金额一致。2. 灰色序号栏 4、10、15、27 中的数字，不算入当季收支。3. 序号 32 栏每季末数字必须与盘面所余现金一致。4. 表中无内容空格不填写。

经营成果报表

公司	项目	期初	第1年	第2年	第3年	第4年	第5年	第6年	电脑评分	分数排名
A	权益	66								
A	利润	2								
B	权益	66								
B	利润	2								
C	权益	66								
C	利润	2								
D	权益	66								
D	利润	2								
E	权益	66								
E	利润	2								
F	权益	66								
F	利润	2								

当年市场领导者	本地							在左边空格内的各市场，填写当年市场领导者公司代号的英文大写字母
	区域							
	国内							
	亚洲							
	国际							

期末拥有资产（厂房、生产线），已开发产品、质量认证、新市场记录，除生产线填数外，其余打√

大厂房	小厂房	手工线（条）	半自动线（条）	全自动线（条）	柔性线（条）	P2	P3	P4	ISO 9000	ISO 14000	区域	国内	亚洲	国际

角色分配情况记录

总经理（CEO）_____ 营销主管_____ 财务主管（及助理）_____

生产主管（及助理）_____ 供应主管_____

总结内容：1. 参加本次企业生产经营决策ERP实训的最大收获是什么？
　　　　　2. 对你所扮演角色的工作有什么感想？
财务总监总结：

签名_____ 日期_____

企业沙盘（ERP）各公司广告投放、竞争选单顺序规则

一、广告投放规则：

1. 每个市场（本地/区域/国内/亚洲/国际市场）、每个产品（P1/P2/P3/P4 产品）至少要投 1M 的广告费，否则视其放弃某市场、某产品的销售。

2. 在某个产品上投放广告费，每多投 2M，有多一次选单的可能。如某产品投广告费 5M，如有订单可选 3 个订单。

3. ISO9000、ISO140000，在广告单上打"√"，来证明已投资开发获得该资格认证，无须投广告费。

二、广告选单先后顺序规则：

1. 第 1 年以各公司广告费多少来决定谁最先选单。但注意广告费太多，可能连成本也回不来，但太少又不利于争当市场领导者。

第 2 年以后竞单规则如下：

2. 第 1 选单者：上年该市场 P 系列产品销售额最多者。

3. 第 2 选单者：当年广告费最多者。

4. 第 3 选单者：若当年广告相同，则累计几年广告费总和最多者。

5. 第 4 选单者：若当年广告费及广告费总和相同，则按除销售排名第 1 者外，其他销售排名领先者。

6. 第 5 选单者：若上面 3、4、5 相同，则先完成财务报表者。

7. 再相同，先交广告单者。

电脑计算各公司得分规则

总得分 = 结束年所有者权益 × (1 + 总分/100)

公式中"总分"由下列加分组成：

1. 开发完成并形成销售的市场：　区域：10 分　　　国内：15 分
　　　　　　　　　　　　　　　　亚洲：20 分　　　国际：25 分

2. 研发完成并形成销售的产品：　P2：5 分　　　P3：10 分　　　P4：15 分

3. 目前拥有自主产权的厂房：　　大厂房：15 分　　小厂房：10 分

4. 目前拥有的生产线：　　　　　手　工：5 分/条　半自动：10 分/条
　　　　　　　　　　　　　　　全自动：15 分/条　柔　性：15 分/条

5. 完成质量管理体系认证：　　　ISO9000：10 分　　ISO14000：15 分

企业经营模拟手工沙盘

生产总监运行手册

20____~20____年第____学期第_____周

起止时间_____

指导老师_____

专业班级_____

组　　别_____

姓　　名_____

起始年经营

1	季度 Q			一季度 1Q				二季度 2Q				三季度 3Q				四季度 4Q			
2	季初生产线上在制品盘点（个）			P1	P2	P3	P4	P1	P2	P3	P4	P1	P2	P3	P4	P1	P2	P3	P4
3	季初库存原材料盘点（个）			R1	R2	R3	R4	R1	R2	R3	R4	R1	R2	R3	R4	R1	R2	R3	R4
4	本季原材料入库（个）购买数量																		
5	紧急采购/个（价格：1×2）																		
6	更新原料订单：个/移动 R3，R4 空桶																		
7	更新生产/完工产品入库移动生产线上的产品，生产线类型：手、半、全、柔；空格内写产品如 P1，并填入 P1 在生产线所处的季度 Q 的位置。季末状态	线号	类型	1Q	2Q	3Q	1Q	2Q	3Q	1Q	2Q	3Q	1Q	2Q	3Q				
		1	手																
		2	手																
		3	手																
		4	半																
		5																	
		6																	
		7																	
		8																	
		9																	
		10																	
8	开始下一批生产	产品		P1	P2	P3	P4	P1	P2	P3	P4	P1	P2	P3	P4	P1	P2	P3	P4
		上线产品（个）																		
		加工费（个）																		
9	下原料订单（个/放置空桶）	原料		R1	R2	R3	R4	R1	R2	R3	R4	R1	R2	R3	R4	R1	R2	R3	R4
		订购数量（个）																		
10	本季下线成品	产品		P1	P2	P3	P4	P1	P2	P3	P4	P1	P2	P3	P4	P1	P2	P3	P4
		数量（个）																		
11	本季末生产线上在制品（个）																		
12	新建/在建/转产/变卖生产线（填金额数；投产转记到第 7 栏）季末状态	线号	类型	1Q	2Q	3Q	4Q	1Q	2Q	3Q	4Q	1Q	2Q	3Q	4Q	1Q	2Q	3Q	4Q
13	测算明年生产线生产能力（个）			扣除在制品数				P1： 个				P2： 个				P3： 个 P4： 个			
14	季末原料结存	原料		R1	R2	R3	R4	R1	R2	R3	R4	R1	R2	R3	R4	R1	R2	R3	R4
		数量（个）																		
15	季末原材料订单结存空桶数	位置：3Q，2Q，1Q																		
		数量（个）																		
16	支付设备维护费（年底支付）	生产线编号		1	2	3	4	5	6	7	8	9	10	合计		折旧费提取			
		维修费（个）														手 1M/年 半 2M/年 全 3M/年 柔 4M/年 提到残值数停提取			
17	生产线计提折旧（年末）	提取金额（个）												（ ）					
		生产线余净值												（ ）					

第一年经营

1	季度 Q	一季度 1Q				二季度 2Q				三季度 3Q				四季度 4Q			
2	季初生产线上在制品盘点（个）	P1	P2	P3	P4	P1	P2	P3	P4	P1	P2	P3	P4	P1	P2	P3	P4
3	季初库存原材料盘点（个）	R1	R2	R3	R4	R1	R2	R3	R4	R1	R2	R3	R4	R1	R2	R3	R4
4	本季原材料入库（个）购买数量																
5	紧急采购/个（价格：1×2）																
6	更新原料订单：个/移动 R3，R4 空桶																

7 更新生产/完工产品入库移动生产线上的产品，生产线类型：手、半、全、柔；空格内写产品如 P1，并填入 P1 在生产线所处的季度 Q 的位置。季末状态	线号	类型	1Q	2Q	3Q	1Q	2Q	3Q	1Q	2Q	3Q	1Q	2Q	3Q
	1	手												
	2	手												
	3	手												
	4	半												
	5													
	6													
	7													
	8													
	9													
	10													

8	开始下一批生产	产品	P1	P2	P3	P4	P1	P2	P3	P4	P1	P2	P3	P4	P1	P2	P3	P4
		上线产品（个）																
		加工费（个）																
9	下原料订单（个/放置空桶）	原料	R1	R2	R3	R4	R1	R2	R3	R4	R1	R2	R3	R4	R1	R2	R3	R4
		订购数量（个）																
10	本季下线成品	产品	P1	P2	P3	P4	P1	P2	P3	P4	P1	P2	P3	P4	P1	P2	P3	P4
		数量（个）																
11	本季末生产线上在制品（个）																	

12 新建/在建/转产/变卖生产线（填金额数；投产转记到第 7 栏）季末状态	线号	类型	1Q	2Q	3Q	4Q	1Q	2Q	3Q	4Q	1Q	2Q	3Q	4Q	1Q	2Q	3Q	4Q

13	测算明年生产线生产能力（个）	扣除在制品数		P1：个			P2：个			P3：个	P4：个

14	季末原料结存	原料	R1	R2	R3	R4	R1	R2	R3	R4	R1	R2	R3	R4	R1	R2	R3	R4
		数量（个）																
15	季末原材料订单结存空桶数	位置：3Q，2Q，1Q																
		数量（个）																

16	支付设备维护费（年底支付）	生产线编号	1	2	3	4	5	6	7	8	9	10	合计	折旧费提取
		维修费（个）												
17	生产线计提折旧（年末）	提取金额（个）										（ ）	手1M/年 半2M/年 全3M/年 柔4M/年
		生产线余净值										（ ）	提到残值数停提取

第二年经营

1	季度 Q		一季度1Q				二季度2Q				三季度3Q				四季度4Q			
2	季初生产线上在制品盘点（个）		P1	P2	P3	P4	P1	P2	P3	P4	P1	P2	P3	P4	P1	P2	P3	P4
3	季初库存原材料盘点（个）		R1	R2	R3	R4	R1	R2	R3	R4	R1	R2	R3	R4	R1	R2	R3	R4
4	本季原材料入库（个）购买数量																	
5	紧急采购/个（价格：1×2）																	
6	更新原料订单：个/移动R3、R4空桶																	
7	更新生产/完工产品入库移动生产线上的产品，生产线类型：手、半、全、柔；空格内写产品如P1，并填入P1在生产线所处的季度Q的位置。季末状态	线号	类型	1Q	2Q	3Q	1Q	2Q	3Q	1Q	2Q	3Q	1Q	2Q	3Q			
		1	手															
		2	手															
		3	手															
		4	半															
		5																
		6																
		7																
		8																
		9																
		10																
8	开始下一批生产	产品	P1	P2	P3	P4	P1	P2	P3	P4	P1	P2	P3	P4	P1	P2	P3	P4
		上线产品（个）																
		加工费（个）																
9	下原料订单（个/放置空桶）	原料	R1	R2	R3	R4	R1	R2	R3	R4	R1	R2	R3	R4	R1	R2	R3	R4
		订购数量（个）																
10	本季下线成品	产品	P1	P2	P3	P4	P1	P2	P3	P4	P1	P2	P3	P4	P1	P2	P3	P4
		数量（个）																
11	本季末生产线上在制品（个）																	
12	新建/在建/转产/变卖生产线（填金额数；投产转记到第7栏）季末状态	线号	类型	1Q	2Q	3Q	4Q	1Q	2Q	3Q	4Q	1Q	2Q	3Q	4Q	1Q	2Q	3Q	4Q
13	测算明年生产线生产能力（个）		扣除在制品数		P1：个			P2：个			P3：个		P4：个					
14	季末原料结存	原料	R1	R2	R3	R4	R1	R2	R3	R4	R1	R2	R3	R4	R1	R2	R3	R4
		数量（个）																
15	季末原材料订单结存空桶数	位置：3Q、2Q、1Q																
		数量（个）																
16	支付设备维护费（年底支付）	生产线编号	1	2	3	4	5	6	7	8	9	10	合计	折旧费提取				
		维修费（个）												手1M/年 半2M/年				
17	生产线计提折旧（年末）	提取金额（个）											（ ）	全3M/年 柔4M/年 提到残值数停提取				
		生产线余净值											（ ）					

第三年经营

1	季度 Q			一季度1Q				二季度2Q				三季度3Q				四季度4Q			
2	季初生产线上在制品盘点（个）			P1	P2	P3	P4	P1	P2	P3	P4	P1	P2	P3	P4	P1	P2	P3	P4
3	季初库存原材料盘点（个）			R1	R2	R3	R4	R1	R2	R3	R4	R1	R2	R3	R4	R1	R2	R3	R4
4	本季原材料入库（个）购买数量																		
5	紧急采购/个（价格：1×2）																		
6	更新原料订单：个/移动 R3, R4 空桶																		
7	更新生产/完工产品入库移动生产线上的产品，生产线类型：手、半、全、柔；空格内写产品如 P1，并填入 P1 在生产线所处的季度 Q 的位置。季末状态	线号	类型	1Q	2Q	3Q		1Q	2Q	3Q		1Q	2Q	3Q		1Q	2Q	3Q	
		1	手																
		2	手																
		3	手																
		4	半																
		5																	
		6																	
		7																	
		8																	
		9																	
		10																	
8	开始下一批生产	产品		P1	P2	P3	P4	P1	P2	P3	P4	P1	P2	P3	P4	P1	P2	P3	P4
		上线产品（个）																		
		加工费（个）																		
9	下原料订单（个/放置空桶）	原料		R1	R2	R3	R4	R1	R2	R3	R4	R1	R2	R3	R4	R1	R2	R3	R4
		订购数量（个）																		
10	本季下线成品	产品		P1	P2	P3	P4	P1	P2	P3	P4	P1	P2	P3	P4	P1	P2	P3	P4
		数量（个）																		
11	本季末生产线上在制品（个）																		
12	新建/在建/转产/变卖生产线（填金额数；投产转记到第 7 栏）季末状态	线号	类型	1Q	2Q	3Q	4Q	1Q	2Q	3Q	4Q	1Q	2Q	3Q	4Q	1Q	2Q	3Q	4Q
13	测算明年生产线生产能力（个）			扣除在制品数				P1： 个				P2： 个				P3： 个 P4： 个			
14	季末原料结存	原料		R1	R2	R3	R4	R1	R2	R3	R4	R1	R2	R3	R4	R1	R2	R3	R4
		数量（个）																		
15	季末原材料订单结存空桶数	位置：3Q, 2Q, 1Q																		
		数量（个）																		
16	支付设备维护费（年底支付）	生产线编号		1	2	3	4	5	6	7	8	9	10	合计		折旧费提取			
		维修费（个）														手1M/年半2M/年全3M/年柔4M/年提到残值数停提取			
17	生产线计提折旧（年末）	提取金额（个）											（ ）						
		生产线余净值											（ ）						

第四年经营

1	季度 Q		一季度 1Q				二季度 2Q				三季度 3Q				四季度 4Q			
			P1	P2	P3	P4	P1	P2	P3	P4	P1	P2	P3	P4	P1	P2	P3	P4
2	季初生产线上在制品盘点（个）																	
3	季初库存原材料盘点（个）		R1	R2	R3	R4	R1	R2	R3	R4	R1	R2	R3	R4	R1	R2	R3	R4
4	本季原材料入库（个）购买数量																	
5	紧急采购/个（价格：1×2）																	
6	更新原料订单：个/移动 R3，R4 空桶																	
7	更新生产/完工产品入库移动生产线上的产品，生产线类型：手、半、全、柔；空格内写产品如 P1，并填入 P1 在生产线所处的季度 Q 的位置。季末状态	线号	类型	1Q	2Q	3Q	1Q	2Q	3Q	1Q	2Q	3Q	1Q	2Q	3Q				
		1	手																
		2	手																
		3	手																
		4	半																
		5																	
		6																	
		7																	
		8																	
		9																	
		10																	
8	开始下一批生产	产品	P1	P2	P3	P4	P1	P2	P3	P4	P1	P2	P3	P4	P1	P2	P3	P4
		上线产品（个）																	
		加工费（个）																	
9	下原料订单（个/放置空桶）	原料	R1	R2	R3	R4	R1	R2	R3	R4	R1	R2	R3	R4	R1	R2	R3	R4
		订购数量（个）																	
10	本季下线成品	产品	P1	P2	P3	P4	P1	P2	P3	P4	P1	P2	P3	P4	P1	P2	P3	P4
		数量（个）																	
11	本季末生产线上在制品（个）																	
12	新建/在建/转产/变卖生产线（填金额数；投产转记到第 7 栏）季末状态	线号	类型	1Q	2Q	3Q	4Q	1Q	2Q	3Q	4Q	1Q	2Q	3Q	4Q	1Q	2Q	3Q	4Q
13	测算明年生产线生产能力（个）		扣除在制品数		P1：个			P2：个			P3：个		P4：个					
14	季末原料结存	原料	R1	R2	R3	R4	R1	R2	R3	R4	R1	R2	R3	R4	R1	R2	R3	R4
		数量（个）																	
15	季末原材料订单结存空桶数	位置：3Q，2Q，1Q																	
		数量（个）																	
16	支付设备维护费（年底支付）	生产线编号	1	2	3	4	5	6	7	8	9	10	合计		折旧费提取			
		维修费（个）													手1M/年半2M/年			
17	生产线计提折旧（年末）	提取金额（个）											（ ）		全3M/年柔4M/年			
		生产线余净值											（ ）		提到残值数停提取			

第五年经营

1	季度 Q		一季度 1Q				二季度 2Q				三季度 3Q				四季度 4Q			
2	季初生产线上在制品盘点（个）		P1	P2	P3	P4	P1	P2	P3	P4	P1	P2	P3	P4	P1	P2	P3	P4
3	季初库存原材料盘点（个）		R1	R2	R3	R4	R1	R2	R3	R4	R1	R2	R3	R4	R1	R2	R3	R4
4	本季原材料入库（个）购买数量																	
5	紧急采购/个（价格：1×2）																	
6	更新原料订单：个/移动 R3，R4 空桶																	
7	更新生产/完工产品入库移动生产线上的产品，生产线类型：手、半、全、柔；空格内写产品如 P1，并填入 P1 在生产线所处的季度 Q 的位置。季末状态	线号	类型	1Q	2Q	3Q		1Q	2Q	3Q		1Q	2Q	3Q		1Q	2Q	3Q	
		1	手																
		2	手																
		3	手																
		4	半																
		5																	
		6																	
		7																	
		8																	
		9																	
		10																	
8	开始下一批生产	产品	P1	P2	P3	P4	P1	P2	P3	P4	P1	P2	P3	P4	P1	P2	P3	P4
		上线产品（个）																	
		加工费（个）																	
9	下原料订单（个/放置空桶）	原料	R1	R2	R3	R4	R1	R2	R3	R4	R1	R2	R3	R4	R1	R2	R3	R4
		订购数量（个）																	
10	本季下线成品	产品	P1	P2	P3	P4	P1	P2	P3	P4	P1	P2	P3	P4	P1	P2	P3	P4
		数量（个）																	
11	本季末生产线上在制品（个）																		
12	新建/在建/转产/变卖生产线（填金额数；投产转记到第 7 栏）季末状态	线号	类型	1Q	2Q	3Q	4Q	1Q	2Q	3Q	4Q	1Q	2Q	3Q	4Q	1Q	2Q	3Q	4Q
13	测算明年生产线生产能力（个）	扣除在制品数	P1： 个				P2： 个				P3： 个	P4： 个							
14	季末原料结存	原料	R1	R2	R3	R4	R1	R2	R3	R4	R1	R2	R3	R4	R1	R2	R3	R4
		数量（个）																	
15	季末原材料订单结存空桶数	位置：3Q，2Q，1Q																	
		数量（个）																	
16	支付设备维护费（年底支付）	生产线编号	1	2	3	4	5	6	7	8	9	10	合计		折旧费提取			
		维修费（个）													手1M/年半2M/年			
17	生产线计提折旧（年末）	提取金额（个）										（ ）			全3M/年柔4M/年			
		生产线余净值										（ ）			提到残值数停提取			

第六年经营

1	季度 Q		一季度 1Q				二季度 2Q				三季度 3Q				四季度 4Q			
			P1	P2	P3	P4	P1	P2	P3	P4	P1	P2	P3	P4	P1	P2	P3	P4
2	季初生产线上在制品盘点（个）																	
3	季初库存原材料盘点（个）		R1	R2	R3	R4	R1	R2	R3	R4	R1	R2	R3	R4	R1	R2	R3	R4
4	本季原材料入库（个）购买数量																	
5	紧急采购/个（价格：1×2）																	
6	更新原料订单：个/移动 R3，R4 空桶																	
7	更新生产/完工产品入库移动生产线上的产品，生产线类型：手、半、全、柔；空格内写产品如 P1，并填入 P1 在生产线所处的季度 Q 的位置。季末状态	线号	类型	1Q	2Q	3Q	1Q	2Q	3Q	1Q	2Q	3Q	1Q	2Q	3Q				
		1	手																
		2	手																
		3	手																
		4	半																
		5																	
		6																	
		7																	
		8																	
		9																	
		10																	
8	开始下一批生产	产品	P1	P2	P3	P4	P1	P2	P3	P4	P1	P2	P3	P4	P1	P2	P3	P4
		上线产品（个）																	
		加工费（个）																	
9	下原料订单（个/放置空桶）	原料	R1	R2	R3	R4	R1	R2	R3	R4	R1	R2	R3	R4	R1	R2	R3	R4
		订购数量（个）																	
10	本季下线成品	产品	P1	P2	P3	P4	P1	P2	P3	P4	P1	P2	P3	P4	P1	P2	P3	P4
		数量（个）																	
11	本季末生产线上在制品（个）																		
12	新建/在建/转产/变卖生产线（填金额数；投产转记到第7栏）季末状态	线号	类型	1Q	2Q	3Q	4Q	1Q	2Q	3Q	4Q	1Q	2Q	3Q	4Q	1Q	2Q	3Q	4Q
13	测算明年生产线生产能力（个）		扣除在制品数			P1：个				P2：个				P3：个		P4：个			
14	季末原料结存	原料	R1	R2	R3	R4	R1	R2	R3	R4	R1	R2	R3	R4	R1	R2	R3	R4
		数量（个）																	
15	季末原材料订单结存空桶数	位置：3Q，2Q，1Q																	
		数量（个）																	
16	支付设备维护费（年底支付）	生产线编号	1	2	3	4	5	6	7	8	9	10	合计		折旧费提取			
		维修费（个）													手1M/年 半2M/年 全3M/年 柔4M/年 提到残值数停提取			
17	生产线计提折旧（年末）	提取金额（个）											（ ）					
		生产线余净值											（ ）					

经营成果报表

项目	公司	期初	第1年	第2年	第3年	第4年	第5年	第6年	电脑评分	分数排名
A	权益	66								
	利润	2								
B	权益	66								
	利润	2								
C	权益	66								
	利润	2								
D	权益	66								
	利润	2								
E	权益	66								
	利润	2								
F	权益	66								
	利润	2								

当年市场领导者	本地							在左边空格内的各市场，填写当年市场领导者公司代号的英文大写字母
	区域							
	国内							
	亚洲							
	国际							

期末拥有资产（厂房、生产线），已开发产品、质量认证、新市场记录，除生产线填数外，其余打√

大厂房	小厂房	手工线（条）	半自动线（条）	全自动线（条）	柔性线（条）	P2	P3	P4	ISO 9000	ISO 14000	区域	国内	亚洲	国际

角色分配情况记录

总经理（CEO）_____ 营销主管_____ 财务主管（及助理）_____

生产主管（及助理）_____ 供应主管_____

总结内容：1. 参加本次企业生产经营决策 ERP 实训的最大收获是什么？
　　　　　2. 对你所扮演角色的工作有什么感想？
生产总监总结：

签名_____ 日期_____

电脑计算各公司得分规则

总得分 = 结束年所有者权益 × (1 + 总分/100)

公式中"总分"由下列加分组成：

1. 开发完成并形成销售的市场：　区域：10分　　　国内：15分
　　　　　　　　　　　　　　　亚洲：20分　　　国际：25分

2. 研发完成并形成销售的产品：
　　　　　　　　　　　　　　　P2：5分　　　　P3：10分　　　P4：15分

3. 目前拥有自主产权的厂房：　　大厂房：15分　　小厂房：10分

4. 目前拥有的生产线：　　　　　手　工：5分/条　半自动：10分/条
　　　　　　　　　　　　　　　全自动：15分/条　柔　性：15分/条

5. 完成质量管理体系认证：　　　ISO9000：10分　ISO14000：15分

企业经营模拟手工沙盘

营销总监运行手册

20_____~20_____年第_____学期第_____周

起止时间_____

指导老师_____

专业班级_____

组　　别_____

姓　　名_____

起始年经营

接单能力（个）	产品	P1	P2	P3	P4	合计	产品开发	1Q	2Q	3Q	4Q	合计
	期初库存						P1 费用					
	在制品						P2 费用					
	生产能力						P3 费用					
	小计						P4 费用					

广告投入金额（年）	本地			市场开发费用（年）	本地		质量认证开发费用（年）	ISO9000	
	区域				区域				
	国内				国内			ISO14000	
	亚洲				亚洲				
	国际				国际				
	小计				小计				

竞单记录（个）	可接产品							向其他企业购买/出售产品记录（±）					
	计划/实际	计	实	计	实	计	实	计	实	实际	产品	第 季度 Q		第 季度 Q		合计	
												数量	金额	数量	金额	数量	金额
	本地										P1						
	区域										P2						
	国内										P3						
	亚洲										P4						
	国际										小计						
	小计																

季末产品入库及销售记录（个）	1/2 季度	库存	入库	出售	结存	1 季度销售额	库存	入库	出售	结存	第 2 季度销售额
	P1										
	P2										
	P3										
	P4										
	合计										
	3/4 季度	库存	入库	出售	结存	3 季度销售额	库存	入库	出售	结存	第 4 季度销售额
本年销售总额（ ）	P1										
	P2										
	P3										
	P4										
	合计										

年底盘存明年销售数量测算	产品	P1	P2	P3	P4	合计	1. 库存：仓库年底未销售的所余产品。 2. 在制品：生产线上的产品。 3. 生产能力：扣除生产线已有的产品，还能生产产品的数量。 4. 广告投标时，请仔细参考市场预测图。
	库存						
	在制品						
	生产能力						
	合计						

注：1. 竞单记录（个）栏中的"可接产品"，与接单能力的"小计"和"合计"数一致。竞单记录（个）栏中的"计划/实际"，"计"指今年准备接单产品的数量。"实"指今年实际接到订单的产品数量。

2. 表中生产能力和竞单记录，库存、在制品、出入库、出售、结存、生产能力表格中填写数量，其余填写金额，或按表中标明的栏目名称填写内容。出售产品收入为正，购买产品支出在数字前加"－"号。

广告投放表

组别：_____组

第1年本地				第2年本地				第3年本地				第4年本地				第5年本地				第6年本地			
产品	广告	9K	14K	产品	广告	9K	14K	产品	广告	9K	14K	产品	广告	9K	14K	产品	广告	9K	14K	产品	广告	9K	14K
P1				P1				P1				P1				P1				P1			
P2				P2				P2				P2				P2				P2			
P3				P3				P3				P3				P3				P3			
P4				P4				P4				P4				P4				P4			

第1年区域				第2年区域				第3年区域				第4年区域				第5年区域				第6年区域			
产品	广告	9K	14K	产品	广告	9K	14K	产品	广告	9K	14K	产品	广告	9K	14K	产品	广告	9K	14K	产品	广告	9K	14K
P1				P1				P1				P1				P1				P1			
P2				P2				P2				P2				P2				P2			
P3				P3				P3				P3				P3				P3			
P4				P4				P4				P4				P4				P4			

第1年国内				第2年国内				第3年国内				第4年国内				第5年国内				第6年国内			
产品	广告	9K	14K	产品	广告	9K	14K	产品	广告	9K	14K	产品	广告	9K	14K	产品	广告	9K	14K	产品	广告	9K	14K
P1				P1				P1				P1				P1				P1			
P2				P2				P2				P2				P2				P2			
P3				P3				P3				P3				P3				P3			
P4				P4				P4				P4				P4				P4			

第1年亚洲				第2年亚洲				第3年亚洲				第4年亚洲				第5年亚洲				第6年亚洲			
产品	广告	9K	14K	产品	广告	9K	14K	产品	广告	9K	14K	产品	广告	9K	14K	产品	广告	9K	14K	产品	广告	9K	14K
P1				P1				P1				P1				P1				P1			
P2				P2				P2				P2				P2				P2			
P3				P3				P3				P3				P3				P3			
P4				P4				P4				P4				P4				P4			

第1年国际				第2年国际				第3年国际				第4年国际				第5年国际				第6年国际			
产品	广告	9K	14K	产品	广告	9K	14K	产品	广告	9K	14K	产品	广告	9K	14K	产品	广告	9K	14K	产品	广告	9K	14K
P1				P1				P1				P1				P1				P1			
P2				P2				P2				P2				P2				P2			
P3				P3				P3				P3				P3				P3			
P4				P4				P4				P4				P4				P4			

第1年经营

	产品	P1	P2	P3	P4	合计	产品开发	1Q	2Q	3Q	4Q	合计
接单能力（个）	期初库存						P1 费用					
	在制品						P2 费用					
	生产能力						P3 费用					
	小计						P4 费用					

								本地				ISO9000	
广告投入金额（年）	本地						市场开发费用（年）	区域		质量认证开发费用（年）			
	区域							国内					
	国内							亚洲				ISO14000	
	亚洲							国际					
	国际							小计					
	小计												

	可接产品								向其他企业购买/出售产品记录（±）					
	计划/实际	计	实	计	实	计	实	计	实	实际	产品	第 季度Q	第 季度Q	合计
竞单记录（个）												数量	金额	数量	金额	数量	金额
	本地										P1						
	区域										P2						
	国内										P3						
	亚洲										P4						
	国际										小计						
	小计																

	1/2 季度	库存	入库	出售	结存	1 季度销售额	库存	入库	出售	结存	第2 季度销售额
季末产品入库及销售记录（个）	P1										
	P2										
	P3										
	P4										
	合计										
	3/4 季度	库存	入库	出售	结存	3 季度销售额	库存	入库	出售	结存	第4 季度销售额
本年销售总额（ ）	P1										
	P2										
	P3										
	P4										
	合计										

	产品	P1	P2	P3	P4	合计
年底盘存明年销售数量测算	库存					
	在制品					
	生产能力					
	合计					

1. 库存：仓库年底未销售的所余产品。
2. 在制品：生产线上的产品。
3. 生产能力：扣除生产线已有的产品，还能生产产品的数量。
4. 广告投标时，请仔细参考市场预测图。

注：1. 竞单记录（个）栏中的"可接产品"，与接单能力的"小计"和"合计"数一致。竞单记录（个）栏中的"计划/实际"，"计"指今年准备接单产品的数量。"实"指今年实际接到订单的产品数量。

2. 表中生产能力和竞单记录，库存、在制品、出入库、出售、结存、生产能力表格中填写数量，其余填写金额，或按表中标明的栏目名称填写内容。出售产品收入为正，购买产品支出在数字前加"－"号。

第2年经营

<table>
<tr><td rowspan="5">接单能力（个）</td><td>产品</td><td>P1</td><td>P2</td><td>P3</td><td>P4</td><td>合计</td><td>产品开发</td><td>1Q</td><td>2Q</td><td>3Q</td><td>4Q</td><td>合计</td></tr>
<tr><td>期初库存</td><td></td><td></td><td></td><td></td><td></td><td>P1 费用</td><td></td><td></td><td></td><td></td><td></td></tr>
<tr><td>在制品</td><td></td><td></td><td></td><td></td><td></td><td>P2 费用</td><td></td><td></td><td></td><td></td><td></td></tr>
<tr><td>生产能力</td><td></td><td></td><td></td><td></td><td></td><td>P3 费用</td><td></td><td></td><td></td><td></td><td></td></tr>
<tr><td>小计</td><td></td><td></td><td></td><td></td><td></td><td>P4 费用</td><td></td><td></td><td></td><td></td><td></td></tr>
<tr><td rowspan="6">广告投入金额（年）</td><td>本地</td><td colspan="5"></td><td rowspan="6">市场开发费用（年）</td><td>本地</td><td colspan="2"></td><td rowspan="3">质量认证开发费用（年）</td><td colspan="2">ISO9000</td></tr>
<tr><td>区域</td><td colspan="5"></td><td>区域</td><td colspan="2"></td><td colspan="2"></td></tr>
<tr><td>国内</td><td colspan="5"></td><td>国内</td><td colspan="2"></td><td colspan="2"></td></tr>
<tr><td>亚洲</td><td colspan="5"></td><td>亚洲</td><td colspan="2"></td><td colspan="2">ISO14000</td></tr>
<tr><td>国际</td><td colspan="5"></td><td>国际</td><td colspan="2"></td><td colspan="2"></td></tr>
<tr><td>小计</td><td colspan="5"></td><td>小计</td><td colspan="2"></td><td colspan="2"></td></tr>
</table>

<table>
<tr><td rowspan="7">竞单记录（个）</td><td>可接产品</td><td colspan="2">P1</td><td colspan="2">P2</td><td colspan="2">P3</td><td colspan="2">P4</td><td colspan="7">向其他企业购买/出售产品记录（±）</td></tr>
<tr><td>计划/实际</td><td>计</td><td>实</td><td>计</td><td>实</td><td>计</td><td>实</td><td>计</td><td>实</td><td rowspan="2">产品</td><td colspan="2">第 季度Q</td><td colspan="2">第 季度Q</td><td colspan="2">合计</td></tr>
<tr><td>实际</td><td colspan="8"></td><td>数量</td><td>金额</td><td>数量</td><td>金额</td><td>数量</td><td>金额</td></tr>
<tr><td>本地</td><td colspan="8"></td><td>P1</td><td colspan="6"></td></tr>
<tr><td>区域</td><td colspan="8"></td><td>P2</td><td colspan="6"></td></tr>
<tr><td>国内</td><td colspan="8"></td><td>P3</td><td colspan="6"></td></tr>
<tr><td>亚洲</td><td colspan="8"></td><td>P4</td><td colspan="6"></td></tr>
</table>

<table>
<tr><td></td><td>国际</td><td colspan="8"></td><td></td><td colspan="6"></td></tr>
<tr><td></td><td>小计</td><td colspan="8"></td><td>小计</td><td colspan="6"></td></tr>
</table>

<table>
<tr><td rowspan="6">季末产品入库及销售记录（个）</td><td>1/2 季度</td><td>库存</td><td>入库</td><td>出售</td><td>结存</td><td>1 季度销售额</td><td>库存</td><td>入库</td><td>出售</td><td>结存</td><td>第2 季度销售额</td></tr>
<tr><td>P1</td><td></td><td></td><td></td><td></td><td></td><td></td><td></td><td></td><td></td><td></td></tr>
<tr><td>P2</td><td></td><td></td><td></td><td></td><td></td><td></td><td></td><td></td><td></td><td></td></tr>
<tr><td>P3</td><td></td><td></td><td></td><td></td><td></td><td></td><td></td><td></td><td></td><td></td></tr>
<tr><td>P4</td><td></td><td></td><td></td><td></td><td></td><td></td><td></td><td></td><td></td><td></td></tr>
<tr><td>合计</td><td></td><td></td><td></td><td></td><td></td><td></td><td></td><td></td><td></td><td></td></tr>
<tr><td rowspan="6">本年销售总额（ ）</td><td>3/4 季度</td><td>库存</td><td>入库</td><td>出售</td><td>结存</td><td>3 季度销售额</td><td>库存</td><td>入库</td><td>出售</td><td>结存</td><td>第4 季度销售额</td></tr>
<tr><td>P1</td><td></td><td></td><td></td><td></td><td></td><td></td><td></td><td></td><td></td><td></td></tr>
<tr><td>P2</td><td></td><td></td><td></td><td></td><td></td><td></td><td></td><td></td><td></td><td></td></tr>
<tr><td>P3</td><td></td><td></td><td></td><td></td><td></td><td></td><td></td><td></td><td></td><td></td></tr>
<tr><td>P4</td><td></td><td></td><td></td><td></td><td></td><td></td><td></td><td></td><td></td><td></td></tr>
<tr><td>合计</td><td></td><td></td><td></td><td></td><td></td><td></td><td></td><td></td><td></td><td></td></tr>
</table>

<table>
<tr><td rowspan="5">年底盘存明年销售数量测算</td><td>产品</td><td>P1</td><td>P2</td><td>P3</td><td>P4</td><td>合计</td><td colspan="2" rowspan="5">1. 库存：仓库年底未销售的所余产品。
2. 在制品：生产线上的产品。
3. 生产能力：扣除生产线已有的产品，还能生产产品的数量。
4. 广告投标时，请仔细参考市场预测图。</td></tr>
<tr><td>库存</td><td></td><td></td><td></td><td></td><td></td></tr>
<tr><td>在制品</td><td></td><td></td><td></td><td></td><td></td></tr>
<tr><td>生产能力</td><td></td><td></td><td></td><td></td><td></td></tr>
<tr><td>合计</td><td></td><td></td><td></td><td></td><td></td></tr>
</table>

注：1. 竞单记录（个）栏中的"可接产品"，与接单能力的"小计"和"合计"数一致。竞单记录（个）栏中的"计划/实际"，"计"指今年准备接单产品的数量。"实"指今年实际接到订单的产品数量。

2. 表中生产能力和竞单记录，库存、在制品、出入库、出售、结存、生产能力表格中填写数量，其余填写金额，或按表中标明的栏目名称填写内容。出售产品收入为正，购买产品支出在数字前加"－"号。

第 3 年经营

	产品	P1	P2	P3	P4	合计	产品开发	1Q	2Q	3Q	4Q	合计
接单能力（个）	期初库存						P1 费用					
	在制品						P2 费用					
	生产能力						P3 费用					
	小计						P4 费用					
广告投入金额（年）	本地						市场开发费用（年）	本地			质量认证开发费用（年）	ISO9000	
	区域							区域					
	国内							国内					
	亚洲							亚洲					ISO14000
	国际							国际					
	小计							小计					

	可接产品							向其他企业购买/出售产品记录（±）					
竞单记录（个）	计划/实际	计	实	计	实	计	实	实际	产品	第　季度Q		第　季度Q		合计	
										数量	金额	数量	金额	数量	金额
	本地								P1						
	区域								P2						
	国内								P3						
	亚洲								P4						
	国际								小计						
	小计														

	1/2 季度	库存	入库	出售	结存	1 季度销售额	库存	入库	出售	结存	第 2 季度销售额
季末产品入库及销售记录（个）	P1										
	P2										
	P3										
	P4										
	合计										
本年销售总额（ ）	3/4 季度	库存	入库	出售	结存	3 季度销售额	库存	入库	出售	结存	第 4 季度销售额
	P1										
	P2										
	P3										
	P4										
	合计										

	产品	P1	P2	P3	P4	合计	
年底盘存明年销售数量测算	库存						1. 库存：仓库年底未销售的所余产品。
	在制品						2. 在制品：生产线上的产品。
	生产能力						3. 生产能力：扣除生产线已有的产品，还能生产产品的数量。
	合计						4. 广告投标时，请仔细参考市场预测图。

注：1. 竞单记录（个）栏中的"可接产品"，与接单能力的"小计"和"合计"数一致。竞单记录（个）栏中的"计划/实际"，"计"指今年准备接单产品的数量。"实"指今年实际接到订单的产品数量。

2. 表中生产能力和竞单记录、库存、在制品、出入库、出售、结存、生产能力表格中填写数量，其余填写金额，或按表中标明的栏目名称填写内容。出售产品收入为正，购买产品支出在数字前加"－"号。

第4年经营

接单能力（个）	产品	P1	P2	P3	P4	合计	产品开发	1Q	2Q	3Q	4Q	合计
	期初库存						P1 费用					
	在制品						P2 费用					
	生产能力						P3 费用					
	小计						P4 费用					

广告投入金额（年）							市场开发费用（年）			质量认证开发费用（年）		ISO9000
	本地							本地				
	区域							区域				
	国内							国内				ISO14000
	亚洲							亚洲				
	国际							国际				
	小计							小计				

竞单记录（个）	可接产品							向其他企业购买/出售产品记录（±）				
	计划/实际	计	实	计	实	计	实	实际	产品	第 季度Q	第 季度Q	合计
										数量 金额	数量 金额	数量 金额
	本地								P1			
	区域								P2			
	国内								P3			
	亚洲								P4			
	国际								小计			
	小计											

季末产品入库及销售记录（个）	1/2 季度	库存	入库	出售	结存	1季度销售额	库存	入库	出售	结存	第2季度销售额
	P1										
	P2										
	P3										
	P4										
	合计										

本年销售总额（ ）	3/4 季度	库存	入库	出售	结存	3季度销售额	库存	入库	出售	结存	第4季度销售额
	P1										
	P2										
	P3										
	P4										
	合计										

年底盘存明年销售数量测算	产品	P1	P2	P3	P4	合计
	库存					
	在制品					
	生产能力					
	合计					

1. 库存：仓库年底未销售的所余产品。
2. 在制品：生产线上的产品。
3. 生产能力：扣除生产线已有的产品，还能生产产品的数量。
4. 广告投标时，请仔细参考市场预测图。

注：1. 竞单记录（个）栏中的"可接产品"，与接单能力的"小计"和"合计"数一致。竞单记录（个）栏中的"计划/实际"，"计"指今年准备接单产品的数量。"实"指今年实际接到订单的产品数量。

2. 表中生产能力和竞单记录，库存、在制品、出入库、出售、结存、生产能力表格中填写数量，其余填写金额，或按表中标明的栏目名称填写内容。出售产品收入为正，购买产品支出在数字前加"－"号。

第 5 年经营

	产品	P1	P2	P3	P4	合计	产品开发	1Q	2Q	3Q	4Q	合计
接单能力（个）	期初库存						P1 费用					
	在制品						P2 费用					
	生产能力						P3 费用					
	小计						P4 费用					

												ISO9000	
广告投入金额（年）	本地						市场开发费用（年）	本地		质量认证开发费用（年）			
	区域							区域					
	国内							国内			ISO14000		
	亚洲							亚洲					
	国际							国际					
	小计							小计					

	可接产品							向其他企业购买/出售产品记录（±）					
竞单记录（个）	计划/实际	计	实	计	实	计	实	实际	产品	第 季度Q		第 季度Q		合计
										数量	金额	数量	金额	数量	金额
	本地								P1						
	区域								P2						
	国内								P3						
	亚洲								P4						
	国际								小计						
	小计														

	1/2 季度	库存	入库	出售	结存	1 季度销售额	库存	入库	出售	结存	第2 季度销售额
季末产品入库及销售记录（个）	P1										
	P2										
	P3										
	P4										
	合计										
本年销售总额（ ）	3/4 季度	库存	入库	出售	结存	3 季度销售额	库存	入库	出售	结存	第4 季度销售额
	P1										
	P2										
	P3										
	P4										
	合计										

	产品	P1	P2	P3	P4	合计	1. 库存：仓库年底未销售的所余产品。
年底盘存明年销售数量测算	库存						2. 在制品：生产线上的产品。
	在制品						3. 生产能力：扣除生产线已有的产品，还能生产产品的数量。
	生产能力						4. 广告投标时，请仔细参考市场预测图。
	合计						

注：1. 竞单记录（个）栏中的"可接产品"，与接单能力的"小计"和"合计"数一致。竞单记录（个）栏中的"计划/实际"，"计"指今年准备接单产品的数量。"实"指今年实际接到订单的产品数量。

2. 表中生产能力和竞单记录，库存、在制品、出入库、出售、结存、生产能力表格中填写数量，其余填写金额，或按表中标明的栏目名称填写内容。出售产品收入为正，购买产品支出在数字前加"－"号。

第6年经营

接单能力（个）	产品	P1	P2	P3	P4	合计	产品开发	1Q	2Q	3Q	4Q	合计
	期初库存						P1 费用					
	在制品						P2 费用					
	生产能力						P3 费用					
	小计						P4 费用					

广告投入金额（年）							市场开发费用（年）				质量认证开发费用（年）	
	本地							本地				ISO9000
	区域							区域				
	国内							国内				
	亚洲							亚洲				ISO14000
	国际							国际				
	小计							小计				

竞单记录（个）	可接产品							向其他企业购买/出售产品记录（±）					
	计划/实际	计	实	计	实	计	实	计	实	实际	产品	第 季度Q	第 季度Q	合计
												数量 金额	数量 金额	数量 金额
	本地										P1			
	区域										P2			
	国内										P3			
	亚洲										P4			
	国际													
	小计										小计			

季末产品入库及销售记录（个）	1/2 季度	库存	入库	出售	结存	1 季度销售额	库存	入库	出售	结存	第2 季度销售额
	P1										
	P2										
	P3										
	P4										
	合计										
	3/4 季度	库存	入库	出售	结存	3 季度销售额	库存	入库	出售	结存	第4 季度销售额

本年销售总额（ ）	P1										
	P2										
	P3										
	P4										
	合计										

年底盘存明年销售数量测算	产品	P1	P2	P3	P4	合计
	库存					
	在制品					
	生产能力					
	合计					

1. 库存：仓库年底未销售的所余产品。
2. 在制品：生产线上的产品。
3. 生产能力：扣除生产线已有的产品，还能生产产品的数量。
4. 广告投标时，请仔细参考市场预测图。

注：1. 竞单记录（个）栏中的"可接产品"，与接单能力的"小计"和"合计"数一致。竞单记录（个）栏中的"计划/实际"，"计"指今年准备接单产品的数量。"实"指今年实际接到订单的产品数量。

2. 表中生产能力和竞单记录，库存、在制品、出入库、出售、结存、生产能力表格中填写数量，其余填写金额，或按表中标明的栏目名称填写内容。出售产品收入为正，购买产品支出在数字前加"－"号。

经营成果报表

项目	公司	期初	第1年	第2年	第3年	第4年	第5年	第6年	电脑评分	分数排名
A	权益	66								
	利润	2								
B	权益	66								
	利润	2								
C	权益	66								
	利润	2								
D	权益	66								
	利润	2								
E	权益	66								
	利润	2								
F	权益	66								
	利润	2								

当年市场领导者	本地							在左边空格内的各市场，填写当年市场领导者公司代号的英文大写字母
	区域							
	国内							
	亚洲							
	国际							

期末拥有资产（厂房、生产线），已开发产品、质量认证、新市场记录，除生产线填数外，其余打√

大厂房	小厂房	手工线（条）	半自动线（条）	全自动线（条）	柔性线（条）	P2	P3	P4	ISO 9000	ISO 14000	区域	国内	亚洲	国际

角色分配情况记录

总经理（CEO）_____营销主管_____财务主管（及助理）_____

生产主管（及助理）_____供应主管_____

总结内容：1. 参加本次企业生产经营决策 ERP 实训的最大收获是什么？
　　　　　2. 对你所扮演角色的工作有什么感想？
生产总监总结：

签名_____ 日期_____

市场预测

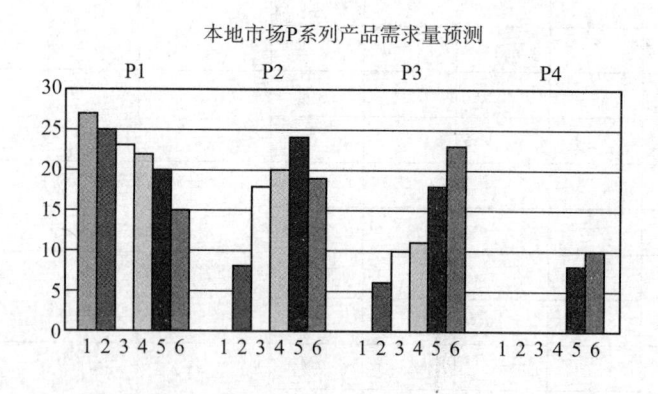

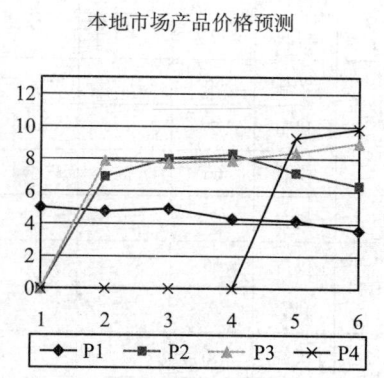

本地市场P系列产品需求量预测

本地市场产品价格预测

本地市场将会持续发展，对低端产品的需求可能要下滑，伴随着需求的减少，低端产品的价格很有可能走低。后几年，随着高端产品的成熟，市场对P3、P4产品的需求将会逐渐增大。由于客户对质量意识的不断提高，后几年可能对产品的ISO9000和ISO14000认证有更多的需求。

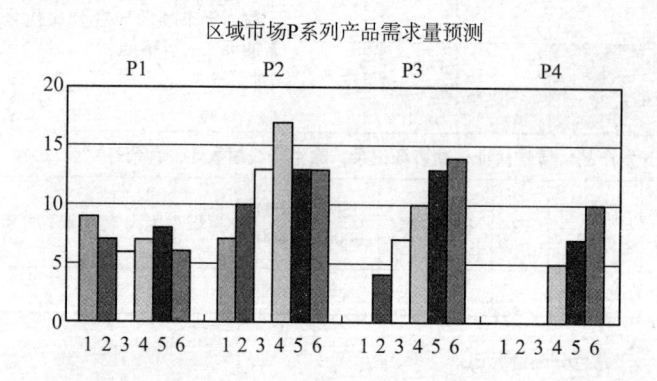

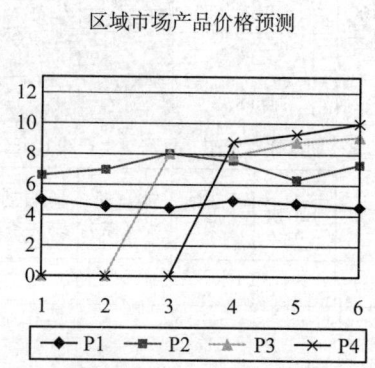

区域市场P系列产品需求量预测

区域市场产品价格预测

区域市场的客户相对稳定，对P系列产品需求的变化很有可能比较平稳。因紧邻本地市场，所以产品需求量的走势可能与本地市场相似，价格趋势也应大致一样。该市场容量有限，对高端产品的需求也可能相对较小，但客户会对产品的ISO9000和ISO14000认证有较高的要求。

因P1产品带有较浓的地域色彩，估计国内市场对P1产品不会有持久的需求。但P2产品因更适合于国内市场，估计需求一直比较平稳。随着对P系列产品的逐渐认同，估计对P3产品的需求会发展较快。但对P4产品的需求就不一定像P3产品那样旺盛了。当然，对高价值的产品来说，客户一定会更注重产品的质量认证。

这个市场一向波动较大，所以对P1产品的需求可能起伏较大，估计对P2产品的需求走势与P1相似。但该市场对新产品很敏感，因此估计对P3、P4产品的需求量会发展较快，价格也可能不菲。另外，这个市场的消费者很看重产品的质量，所以没有ISO9000和ISO14000认证的产品可能很难销售。

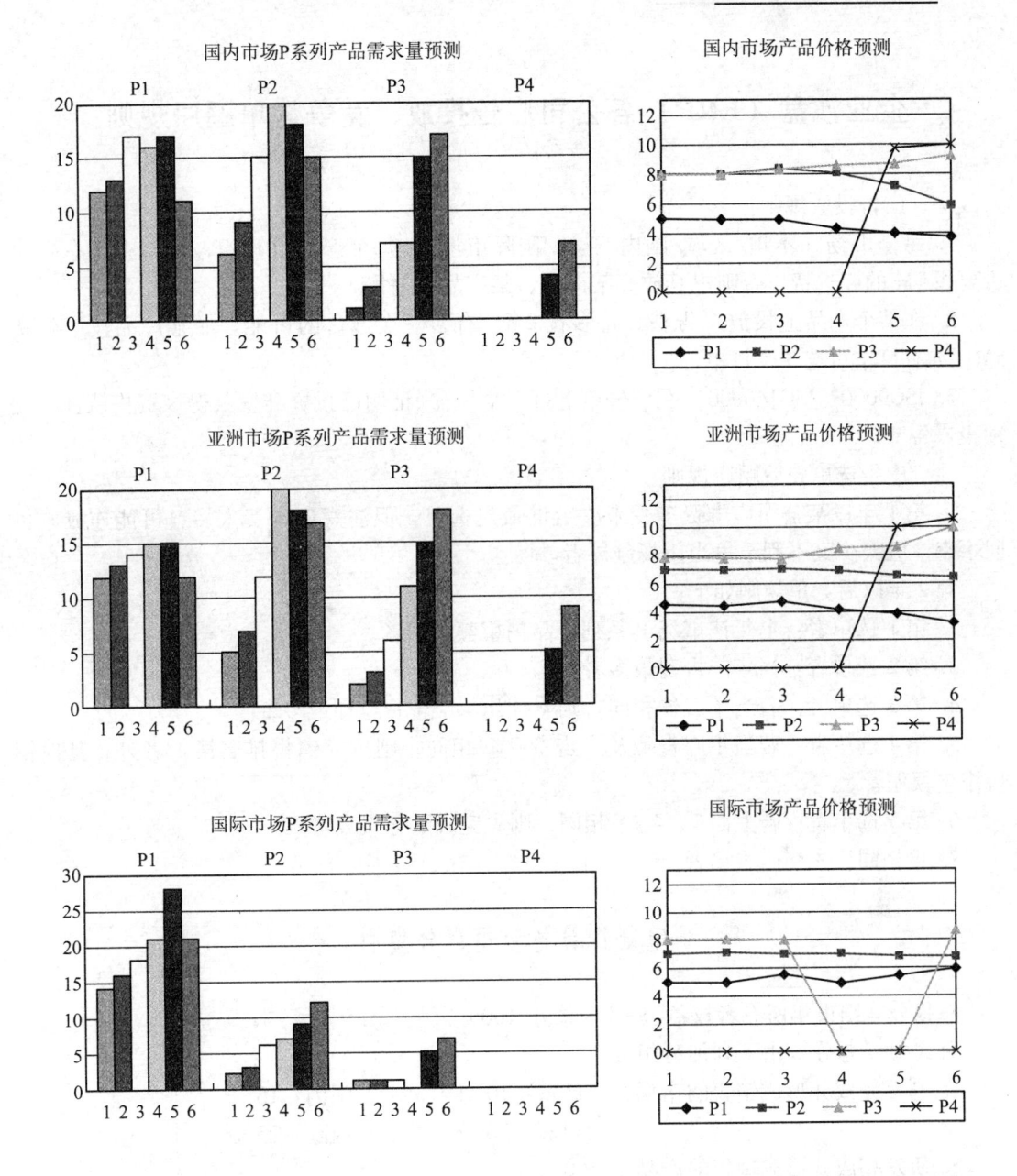

国内市场P系列产品需求量预测　　国内市场产品价格预测

亚洲市场P系列产品需求量预测　　亚洲市场产品价格预测

国际市场P系列产品需求量预测　　国际市场产品价格预测

P系列产品进入国际市场可能需要一个较长的时期。有迹象表明，对P1产品已经有所认同，但还需要一段时间才能被市场接受。同样，对P2、P3和P4产品也会很谨慎地接受，需求发展较慢。当然，国际市场的客户也会关注具有ISO认证的产品。

企业沙盘（ERP）各公司广告投放、竞争选单顺序规则

一、广告投放规则：

1. 每个市场（本地/区域/国内/亚洲/国际市场）、每个产品（P1/P2/P3/P4 产品）至少要投 1M 的广告费，否则视其放弃某市场、某产品的销售。
2. 在某个产品上投放广告费，每多投 2M，有多一次选单的可能。如某产品投广告费 5M，如有订单可选 3 个订单。
3. ISO9000、ISO140000，在广告单上打"√"，来证明已投资开发获得该资格认证，无须投广告费。

二、广告选单先后顺序规则：

1. 第 1 年以某公司广告费多少来决定谁最先选单，但注意广告费太多，可能连成本也回不来，但太少又不利于争当市场领导者。

第 2 年以后竞单规则如下：

2. 第 1 选单者：上年该市场 P 系列产品销售额最多者。
3. 第 2 选单者：当年广告费最多者。
4. 第 3 选单者：若当年广告相同，则累计几年广告费总和最多者。
5. 第 4 选单者：若当年广告费及广告费总和相同，则按除销售排名第 1 者外，其他销售排名领先者。
6. 第 5 选单者：若上面 3、4、5 相同，则先完成财务报表者。
7. 再相同，先交广告单者。

电脑计算各公司得分规则

总得分 = 结束年所有者权益 ×（1 + 总分/100）

公式中"总分"由下列加分组成：

1. 开发完成并形成销售的市场： 区域：10 分　　国内：15 分
   　　　　　　　　　　　　　　亚洲：20 分　　国际：25 分
2. 研发完成并形成销售的产品：
   　　　　　　　　　　　　　　P2：5 分　　P3：10 分　　P4：15 分
3. 目前拥有自主产权的厂房：　　大厂房：15 分　　小厂房：10 分
4. 目前拥有的生产线：　　　　　手　工：5 分/条　　半自动：10 分/条
   　　　　　　　　　　　　　　全自动：15 分/条　　柔　性：15 分/条
5. 完成质量管理体系认证：　　　ISO9000：10 分　　ISO14000：15 分

企业经营模拟手工沙盘

供应（采购）总监运行手册

20____~20____年第____学期第____周

起止时间_____

指导老师_____

专业班级_____

组　　别_____

姓　　名_____

起始年经营

1	季度 Q			一季度 1Q				二季度 2Q				三季度 3Q				四季度 4Q			
2	季初盘点	产品		P1	P2	P3	P4	P1	P2	P3	P4	P1	P2	P3	P4	P1	P2	P3	P4
		库存	数量（个）																
3		在制品	数量（个）																
4		原材料	原料	R1	R2	R3	R4	R1	R2	R3	R4	R1	R2	R3	R4	R1	R2	R3	R4
			数量（个）																
5	原材料入库（个）																		
6	紧急采购/个（价格：1×2）																		
7	更新原料订单：个/移动 R3R4 空桶																		
8	更新生产/完工产品入库移动生产线上的产品，生产线类型有：手、半、全、柔；空格内写产品如 P1，并填入 P1 在生产线所处的季度 Q 时间的位置。季末状态	线号	类型	1Q	2Q	3Q	1Q	2Q	3Q	1Q	2Q	3Q	1Q	2Q	3Q				
		1																	
		2																	
		3																	
		4																	
		5																	
		6																	
		7																	
		8																	
		9																	
		10																	
9	入库产品	产品		P1	P2	P3	P4	P1	P2	P3	P4	P1	P2	P3	P4	P1	P2	P3	P4
		数量（个）																		
10	开始下一批生产	数量（个）																		
		加工费（金额）																		
11	空余生产线数量、线号			条：号：				条：号：				条：号：				条：号：			
12	下原料订单提前放空桶	原料		R1	R2	R3	R4	R1	R2	R3	R4	R1	R2	R3	R4	R1	R2	R3	R4
		订货数量（个）																		
13	原料订货总数（含途中订单处）																			
14	季末原料盘存（个）	季初库存																		
15		本季入库																		
16		原料上线																		
17		季末库存																		
18	季末产品盘存（个）	产品		P1	P2	P3	P4	P1	P2	P3	P4	P1	P2	P3	P4	P1	P2	P3	P4
19		季初库存																		
20		在制品																		
21		成品入库																		
22		成品出库																		
23		季末库存																		
24	单位产品原料构成规则（个）			P1：R1				P2：R2 + R3				P3：R1 + R3 + R4				P4：R2 + R3 + 2R4			
25	原料提前订货期规则（季度）			R1：1Q				R2：1Q				R3：2Q				R4：2Q			

第1年经营

1	季度 Q			一季度 1Q				二季度 2Q				三季度 3Q				四季度 4Q			
			产品	P1	P2	P3	P4	P1	P2	P3	P4	P1	P2	P3	P4	P1	P2	P3	P4
2	季初盘点	库存	数量（个）																
3		在制品	数量（个）																
4		原材料	原料	R1	R2	R3	R4	R1	R2	R3	R4	R1	R2	R3	R4	R1	R2	R3	R4
			数量（个）																
5	原材料入库（个）																		
6	紧急采购/个（价格：1×2）																		
7	更新原料订单：个/移动 R3R4 空桶																		
8	更新生产/完工产品入库移动生产线上的产品，生产线类型有：手、半、全、柔；空格内写产品如 P1，并填入 P1 在生产线所处的季度 Q 时间的位置。季末状态	线号	类型	1Q	2Q	3Q		1Q	2Q	3Q		1Q	2Q	3Q		1Q	2Q	3Q	
		1																	
		2																	
		3																	
		4																	
		5																	
		6																	
		7																	
		8																	
		9																	
		10																	
9	入库产品		产品	P1	P2	P3	P4	P1	P2	P3	P4	P1	P2	P3	P4	P1	P2	P3	P4
			数量（个）																
10	开始下一批生产		数量（个）																
			加工费（金额）																
11	空余生产线数量、线号			条：号：				条：号：				条：号：				条：号：			
12	下原料订单提前放空桶		原料	R1	R2	R3	R4	R1	R2	R3	R4	R1	R2	R3	R4	R1	R2	R3	R4
			订货数量（个）																
13	原料订货总数（含途中订单处）																		
14	季末原料盘存（个）		季初库存																
15			本季入库																
16			原料上线																
17			季末库存																
18	季末产品盘存（个）		产品	P1	P2	P3	P4	P1	P2	P3	P4	P1	P2	P3	P4	P1	P2	P3	P4
19			季初库存																
20			在制品																
21			成品入库																
22			成品出库																
23			季末库存																
24	单位产品原料构成规则（个）			P1：R1				P2：R2 + R3				P3：R1 + R3 + R4				P4：R2 + R3 + 2R4			
25	原料提前订货期规则（季度）			R1：1Q				R2：1Q				R3：2Q				R4：2Q			

第 2 年经营

1	季度 Q			一季度 1Q				二季度 2Q				三季度 3Q				四季度 4Q			
2			产品	P1	P2	P3	P4	P1	P2	P3	P4	P1	P2	P3	P4	P1	P2	P3	P4
3	季初盘点	库存	数量（个）																
		在制品	数量（个）																
4		原材料	原料	R1	R2	R3	R4	R1	R2	R3	R4	R1	R2	R3	R4	R1	R2	R3	R4
			数量（个）																
5	原材料入库（个）																		
6	紧急采购/个（价格：1×2）																		
7	更新原料订单：个/移动 R3R4 空桶																		
8	更新生产/完工产品入库移动生产线上的产品，生产线类型有：手、半、全、柔；空格内写产品如 P1，并填入 P1 在生产线所处的季度 Q 时间的位置。季末状态	线号	类型	1Q	2Q	3Q	1Q	2Q	3Q	1Q	2Q	3Q	1Q	2Q	3Q				
		1																	
		2																	
		3																	
		4																	
		5																	
		6																	
		7																	
		8																	
		9																	
		10																	
9	入库产品	产品	P1	P2	P3	P4	P1	P2	P3	P4	P1	P2	P3	P4	P1	P2	P3	P4	
		数量（个）																	
10	开始下一批生产	数量（个）																	
		加工费（金额）																	
11	空余生产线数量、线号		条：号：				条：号：				条：号：				条：号：				
12	下原料订单提前放空桶	原料	R1	R2	R3	R4	R1	R2	R3	R4	R1	R2	R3	R4	R1	R2	R3	R4	
		订货数量（个）																	
13	原料订货总数（含途中订单处）																		
14	季末原料盘存（个）	季初库存																	
15		本季入库																	
16		原料上线																	
17		季末库存																	
18	季末产品盘存（个）	产品	P1	P2	P3	P4	P1	P2	P3	P4	P1	P2	P3	P4	P1	P2	P3	P4	
19		季初库存																	
20		在制品																	
21		成品入库																	
22		成品出库																	
23		季末库存																	
24	单位产品原料构成规则（个）		P1：R1				P2：R2＋R3				P3：R1＋R3＋R4				P4：R2＋R3＋2R4				
25	原料提前订货期规则（季度）		R1：1Q				R2：1Q				R3：2Q				R4：2Q				

第3年经营

1	季度 Q			一季度 1Q				二季度 2Q				三季度 3Q				四季度 4Q			
2	季初盘点	库存	产品	P1	P2	P3	P4	P1	P2	P3	P4	P1	P2	P3	P4	P1	P2	P3	P4
			数量（个）																
3		在制品	数量（个）																
4		原材料	原料	R1	R2	R3	R4	R1	R2	R3	R4	R1	R2	R3	R4	R1	R2	R3	R4
			数量（个）																
5	原材料入库（个）																		
6	紧急采购/个（价格：1×2）																		
7	更新原料订单：个/移动 R3R4 空桶																		

		线号	类型	1Q	2Q	3Q	1Q	2Q	3Q	1Q	2Q	3Q	1Q	2Q	3Q
8	更新生产/完工产品入库移动生产线上的产品，生产线类型有：手、半、全、柔；空格内写产品如P1，并填入P1在生产线所处的季度Q时间的位置。季末状态	1													
		2														
		3														
		4														
		5														
		6														
		7														
		8														
		9														
		10														

9	入库产品	产品	P1	P2	P3	P4	P1	P2	P3	P4	P1	P2	P3	P4	P1	P2	P3	P4
		数量（个）																	
10	开始下一批生产	数量（个）																	
		加工费（金额）																	
11	空余生产线数量、线号		条：号：				条：号：				条：号：				条：号：				
12	下原料订单提前放空桶	原料	R1	R2	R3	R4	R1	R2	R3	R4	R1	R2	R3	R4	R1	R2	R3	R4
		订货数量（个）																	
13	原料订货总数（含途中订单处）																		
14	季末原料盘存（个）	季初库存																	
15		本季入库																	
16		原料上线																	
17		季末库存																	
18	季末产品盘存（个）	产品	P1	P2	P3	P4	P1	P2	P3	P4	P1	P2	P3	P4	P1	P2	P3	P4
19		季初库存																	
20		在制品																	
21		成品入库																	
22		成品出库																	
23		季末库存																	
24	单位产品原料构成规则（个）		P1：R1				P2：R2 + R3				P3：R1 + R3 + R4				P4：R2 + R3 + 2R4				
25	原料提前订货期规则（季度）		R1：1Q				R2：1Q				R3：2Q				R4：2Q				

第4年经营

1	季度 Q			一季度 1Q				二季度 2Q				三季度 3Q				四季度 4Q			
2	季初盘点	产品		P1	P2	P3	P4	P1	P2	P3	P4	P1	P2	P3	P4	P1	P2	P3	P4
3		库存	数量（个）																
4		在制品	数量（个）																
		原材料	原料	R1	R2	R3	R4	R1	R2	R3	R4	R1	R2	R3	R4	R1	R2	R3	R4
			数量（个）																
5	原材料入库（个）																		
6	紧急采购/个（价格：1×2）																		
7	更新原料订单：个/移动 R3R4 空桶																		
8	更新生产/完工产品入库移动生产线上的产品，生产线类型有：手、半、全、柔；空格内写产品如 P1，并填入 P1 在生产线所处的季度 Q 时间的位置。季末状态	线号	类型	1Q	2Q	3Q		1Q	2Q	3Q		1Q	2Q	3Q		1Q	2Q	3Q	
		1																	
		2																	
		3																	
		4																	
		5																	
		6																	
		7																	
		8																	
		9																	
		10																	
9	入库产品	产品		P1	P2	P3	P4	P1	P2	P3	P4	P1	P2	P3	P4	P1	P2	P3	P4
		数量（个）																	
10	开始下一批生产	数量（个）																	
		加工费（金额）																	
11	空余生产线数量、线号			条：号：				条：号：				条：号：				条：号：			
12	下原料订单提前放空桶	原料		R1	R2	R3	R4	R1	R2	R3	R4	R1	R2	R3	R4	R1	R2	R3	R4
		订货数量（个）																	
13	原料订货总数（含途中订单处）																		
14	季末原料盘存（个）	季初库存																	
15		本季入库																	
16		原料上线																	
17		季末库存																	
18	季末产品盘存（个）	产品		P1	P2	P3	P4	P1	P2	P3	P4	P1	P2	P3	P4	P1	P2	P3	P4
19		季初库存																	
20		在制品																	
21		成品入库																	
22		成品出库																	
23		季末库存																	
24	单位产品原料构成规则（个）			P1：R1				P2：R2 + R3				P3：R1 + R3 + R4				P4：R2 + R3 + 2R4			
25	原料提前订货期规则（季度）			R1：1Q				R2：1Q				R3：2Q				R4：2Q			

第5年经营

1	季度 Q			一季度 1Q				二季度 2Q				三季度 3Q				四季度 4Q			
2	季初盘点	库存	产品	P1	P2	P3	P4	P1	P2	P3	P4	P1	P2	P3	P4	P1	P2	P3	P4
			数量（个）																
3		在制品	数量（个）																
4		原材料	原料	R1	R2	R3	R4	R1	R2	R3	R4	R1	R2	R3	R4	R1	R2	R3	R4
			数量（个）																
5	原材料入库（个）																		
6	紧急采购/个（价格：1×2）																		
7	更新原料订单：个/移动 R3R4 空桶																		
8	更新生产/完工产品入库移动生产线上的产品，生产线类型有：手、半、全、柔；空格内写产品如P1，并填入P1在生产线所处的季度Q时间的位置。季末状态	线号	类型	1Q	2Q	3Q	1Q	2Q	3Q	1Q	2Q	3Q	1Q	2Q	3Q				
		1																	
		2																	
		3																	
		4																	
		5																	
		6																	
		7																	
		8																	
		9																	
		10																	
9	入库产品	产品	P1	P2	P3	P4	P1	P2	P3	P4	P1	P2	P3	P4	P1	P2	P3	P4	
		数量（个）																	
10	开始下一批生产	数量（个）																	
		加工费（金额）																	
11	空余生产线数量、线号	条：号：				条：号：				条：号：				条：号：					
12	下原料订单提前放空桶	原料	R1	R2	R3	R4	R1	R2	R3	R4	R1	R2	R3	R4	R1	R2	R3	R4	
		订货数量（个）																	
13	原料订货总数（含途中订单处）																		
14	季末原料盘存（个）	季初库存																	
15		本季入库																	
16		原料上线																	
17		季末库存																	
18	季末产品盘存（个）	产品	P1	P2	P3	P4	P1	P2	P3	P4	P1	P2	P3	P4	P1	P2	P3	P4	
19		季初库存																	
20		在制品																	
21		成品入库																	
22		成品出库																	
23		季末库存																	
24	单位产品原料构成规则（个）			P1：R1				P2：R2 + R3				P3：R1 + R3 + R4				P4：R2 + R3 + 2R4			
25	原料提前订货期规则（季度）			R1：1Q				R2：1Q				R3：2Q				R4：2Q			

第6年经营

1	季度 Q			一季度 1Q				二季度 2Q				三季度 3Q				四季度 4Q			
2	季初盘点	库存	产品	P1	P2	P3	P4	P1	P2	P3	P4	P1	P2	P3	P4	P1	P2	P3	P4
			数量（个）																
3		在制品	数量（个）																
4		原材料	原料	R1	R2	R3	R4	R1	R2	R3	R4	R1	R2	R3	R4	R1	R2	R3	R4
			数量（个）																
5	原材料入库（个）																		
6	紧急采购/个（价格：1×2）																		
7	更新原料订单：个/移动 R3R4 空桶																		
8	更新生产/完工产品入库移动生产线上的产品，生产线类型有：手、半、全、柔；空格内写产品如 P1，并填入 P1 在生产线所处的季度 Q 时间的位置。季末状态	线号	类型	1Q	2Q	3Q	1Q	2Q	3Q	1Q	2Q	3Q	1Q	2Q	3Q				
		1																	
		2																	
		3																	
		4																	
		5																	
		6																	
		7																	
		8																	
		9																	
		10																	
9	入库产品	产品	P1	P2	P3	P4	P1	P2	P3	P4	P1	P2	P3	P4	P1	P2	P3	P4
		数量（个）																	
10	开始下一批生产	数量（个）																	
		加工费（金额）																	
11	空余生产线数量、线号	条：号：			条：号：				条：号：				条：号：						
12	下原料订单提前放空桶	原料	R1	R2	R3	R4	R1	R2	R3	R4	R1	R2	R3	R4	R1	R2	R3	R4
		订货数量（个）																	
13	原料订货总数（含途中订单处）																		
14	季末原料盘存（个）	季初库存																	
15		本季入库																	
16		原料上线																	
17		季末库存																	
18	季末产品盘存（个）	产品	P1	P2	P3	P4	P1	P2	P3	P4	P1	P2	P3	P4	P1	P2	P3	P4
19		季初库存																	
20		在制品																	
21		成品入库																	
22		成品出库																	
23		季末库存																	
24	单位产品原料构成规则（个）		P1：R1				P2：R2 + R3				P3：R1 + R3 + R4				P4：R2 + R3 + 2R4			
25	原料提前订货期规则（季度）		R1：1Q				R2：1Q				R3：2Q				R4：2Q			

经营成果报表

项目	公司	期初	第1年	第2年	第3年	第4年	第5年	第6年	电脑评分	分数排名
A	权益	66								
A	利润	2								
B	权益	66								
B	利润	2								
C	权益	66								
C	利润	2								
D	权益	66								
D	利润	2								
E	权益	66								
E	利润	2								
F	权益	66								
F	利润	2								

当年市场领导者	本地							在左边空格内的各市场,填写当年市场领导者公司代号的英文大写字母
	区域							
	国内							
	亚洲							
	国际							

期末拥有资产（厂房、生产线）、已开发产品、质量认证、新市场记录，除生产线填数外，其余打√

大厂房	小厂房	手工线（条）	半自动线（条）	全自动线（条）	柔性线（条）	P2	P3	P4	ISO 9000	ISO 14000	区域	国内	亚洲	国际

角色分配情况记录

总经理（CEO）_____ 营销主管_____ 财务主管（及助理）_____

生产主管（及助理）_____供应主管_____

总结内容：1. 参加本次企业生产经营决策 ERP 实训的最大收获是什么？
　　　　　2. 对你所扮演角色的工作有什么感想？
供应总监总结：

签名_____ 日期_____

企业沙盘（ERP）各公司广告投放、竞争选单顺序规则

一、广告投放规则：

1. 每个市场（本地/区域/国内/亚洲/国际市场）、每个产品（P1/P2/P3/P4 产品）至少要投 1M 的广告费，否则视其放弃某市场、某产品的销售。

2. 在某个产品上投放广告费，每多投 2M，有多一次选单的可能。如某产品投广告费 5M，如有订单可选 3 个订单。

3. ISO9000、ISO140000，在广告单上打"√"，来证明已投资开发获得该资格认证，无须投广告费。

二、广告选单先后顺序规则：

1. 第 1 年以某公司广告费多少来决定谁最先选单，但注意广告费太多，可能连成本也回不来，但太少又不利于争当市场领导者。

第 2 年以后竞单规则如下：

2. 第 1 选单者：上年该市场 P 系列产品销售额最多者。

3. 第 2 选单者：当年广告费最多者。

4. 第 3 选单者：若当年广告相同，则累计几年广告费总和最多者。

5. 第 4 选单者：若当年广告费及广告费总和相同，则按除销售排名第 1 者外，其他销售排名领先者。

6. 第 5 选单者：若上面 3、4、5 相同，则为先完成财务报表者。

7. 再相同，先交广告单者优先。

电脑计算各公司得分规则

总得分 = 结束年所有者权益 × (1 + 总分/100)

公式中"总分"由下列加分组成：

1. 开发完成并形成销售的市场：　区域：10 分　　　国内：15 分
　　　　　　　　　　　　　　　亚洲：20 分　　　国际：25 分

2. 研发完成并形成销售的产品：
　　　　　　　　　　　　　　　P2：5 分　　P3：10 分　　P4：15 分

3. 目前拥有自主产权的厂房：　　大厂房：15 分　　小厂房：10 分

4. 目前拥有的生产线：　　　　　手　工：5 分/条　　半自动：10 分/条
　　　　　　　　　　　　　　　全自动：15 分/条　　柔　性：15 分/条

5. 完成质量管理体系认证：　　　ISO9000：10 分　　ISO14000：15 分